文章表現の四つの構造

目次

文章表現の四つの構造

序章　文章論と文章の構造

文章の構造という問題

文章は我々のすぐ身近な所にあるが、それが何であるかはなかなか言い当てることが難しい。

我々の日常生活では、ことばは、通常、文または文の断片という形でやりとりされる。しかし、あるまとまった考えや思いを表現しようとするとき、ことばは一文では終わらず、文の集合した文章という形をとることになる。文章は、通常は書かれたものとして我々の身辺にあるが、話されたものであっても、一つのまとまりをもった内容であれば文章と言うことができる。文章は読むものであるとともに聞くものでもある。

文章とはどういうものかという問いは、かなり多くの人が、相当昔から心に抱いた問いであったかもしれない。しかし、これを学問的な問いとして研究対象に据えたのは、少なくとも日本の場合、比較的最近のことであり、その最初の人は、「言語過程説」で知られる国語学者の時枝誠記《ときえだもとき》（一九〇〇～一九六七）であった（本書では敬称を略す）。

時枝は、一九五〇年に刊行した『日本文法口語篇』の構成を、「総論」「語論」「文論」「文章論」

の四章立てとし、最後の文章論には本文二五〇ページのうちの九ページを当てた。時枝は、この書で、「文章」は単なる文の集合ではなく、一つの統一された全体であると述べ、したがって、文章には文とは別の一般的な法則があり、その法則を抽象するのが文章論である、と記している。また、文章論の必要性に関して、「文章の理解と表現との実践・訓練」を行なう国語教育にとっては、文章学の確固たる裏付けが必要である、とも述べている。

『日本文法口語篇』の後、時枝は、一九五五年刊の『国語学原論 続篇』の中でも文章を論じ、さらに、一九六〇年の『文章研究序説』では、文章論を新たに「文章研究」と名付け、これを言語研究の一部門として扱っている。こうした変遷ないし発展はあるものの、時枝の文章論の基底には、一貫して文章独自の「統一原理」や「構造的特質」を追究するという姿勢があった。

このような時枝の問題意識は、本書のそれとほとんど全面的に一致する。

文章とは文のまとまりである。これが、文章についての、日常レベルでの定義と言えるだろう。つまり、文章は、単なる文の「集まり」(集合体)ではなく、一つの「まとまり」(統一体)である。しかし、「集まり」がどのようにして「まとまり」になっているのか。それは、文の集合体が文章という統一体になるための「統一原理」を求める問いである。それは、また、文章という「まとまり」の「仕組み」を問うこと、つまり「文章の構造」について問うことでもある。

我々は、ふだん、文章とはこれこれのものと漠然と了解しつつ、文章を読み、文章を書いている。しかし、文章を厳密に読みたいと考えたり、文章らしい文章を書きたいと思ったりしたとき、あるいは、文章について人に教えるというような「国語教育」的必要性に迫られたとき、人は、時枝誠記と同じような問題意識を抱くことになるだろう。本書が「文章の構造」について考えるのも、同様の問題意識をもっているからにほかならない。

時枝文章論の基本的考え方

問題意識は共有しているが、本書と時枝の論では、文章構造の捉え方の点で大きな違いがある。しかし、同じ問題を扱った先行の研究には、もちろん、学ぶべき点も多い。本論に入る前に、時枝文章論の基本的な内容を検討し、それを通して、本書の執筆の方向を明らかにしておきたい。

文章の構造を考えるに当たって、時枝はまず、文章表現の根本的な性格を次のように規定している。これは、時枝の文章論（文章研究）を特徴付ける最も基本的な考え方と言える。（表記は新字新かなに改めた。）

文章の表現形式の特異性は、言語表現が、根本的に、時間的・継時的・線条的性格を持っていることに規定されたもので、これは、語・文・文章に通ずる根本的性格である。（中略）絵画や彫刻等においては、どの部分が先きに手を付けられ、また完成したかということは、表現としては不問にされてよいことである。制作の先後に拘わらず、出来上った表現については、それらの部分は同時的存在として把握されるからである。ところが、音楽でもそうであるが、言語においては、表現の先後ということが、表現を表現たらしめる上に重大な意味を持って来る。（中略）このように、絵画や彫刻や建築は、常に同時的全体として把握されるのに対して、音楽や映画や言語は、常に継時的全体としてのみ把握される。従って、絵画、彫刻、建築等においてはコンポジション（構図、組立て）ということが重要なことになるのであるが、言語表現においては、厳密な意味ではコンポジションという語は使えない訳であって、そこにあるものは、音楽におけると同様に展開ということである。作文をいう場合に、コンポジションという語が用いられて来たのは、絵画や建築の類推において云われたことと想像されるのであるが、もっと適切に云おうとするならば、アメリカの作文教育で用いられているParagraph《パラグラフ》 building《ビルディング》という語を用いるべきであろう。ビルディングというのは、日本家屋のように組立てによって、家を作るのと異なり、基礎の上に、一つ一つを積み重ねて行くことであって、文章表現の形式をいうにはより適切な語である。

（『文章研究序説』山田書院、一九六〇）

このように、時枝は、文章表現の根本の性格を継時性・線条性に見ており、それは音楽や映画などの継時的に把握される表現と類似し、絵画・彫刻・建築のように同時的に把握されるものと対立するとした。そして、こうした根本的性格に基づき、文章の構造を次のように説明する。

文章における冒頭は、建築における基礎工事と同様に、すべてのものが、その上に積み重ねられる基礎になり、出発点になるという意味で重要であることは前項に述べた。基礎工事によって、その上に積み重ねられるものが規定され、また積み重ねられるものによって基礎工事が規定されるように、冒頭と、その展開である表現との間には、相互制約の機能的関係が存在する。従って、基礎工事を見ることによって、その上に積み重ねられる建築の全体を想見することが出来るように、冒頭によってその表現がどのように展開するかの大体の方向と輪郭とを予想することが出来るのである。従って、冒頭の正しい理解は、それに続く表現を、正しく読みとるための原動力となるものである。

（『文章研究序説』）

言語は、それが時間的に流動展開することにおいて、著しく音楽的表現に類似し、絵画、彫刻などと相違する。このことは、文の表現においても同様であるが、特に文章表現において著しく目につくことである。（中略）

文章の根本的性質が以上のようなものであるから、文章は何よりも表現の展開ということが、その構造的特質でなければならない。従って、その展開の核心となるものは、文章の冒頭であって、冒頭が如何に分裂し、如何に拡大し、如何に屈折して行くかというところに文章の展開がある。

（『日本文法口語篇』岩波全書、一九五〇）

以上のように、時枝誠記は、文章表現の特性をその継時的・線条的性格に見いだし、冒頭を核心とする文章の展開過程の研究を、文章論が扱う中心的な課題と考えた。

時枝文章論の具体的検討

「冒頭を核心とする文章の展開」について、時枝は、例えば次のように説明している。

大阪本町糸屋の娘、　起
姉は十六、妹は十五。　承
諸国諸大名は刀で斬るが、　転
糸屋の娘は目で殺す。　結

冒頭の起句は、説明せらるべき事柄の提示で、承句は、その説明であって、両者合して、文における主語述語と同様の関係が成立する。この場合、起句を、独立格から成る一個の単文と見ても、承句との関係からいえば、主語―述語の関係と同じになる。第三は転句といわれているが、一、二句と全く無関係なものが持出されるのではなく、糸屋の娘が男を悩殺するという一つの属性の連想において、「諸国諸大名は刀で斬るが」の思想が持出され、結句と合して、糸屋の娘の述語となっている。すべては、冒頭の起句の持つ可能性の発揮であり、その拡充完成である。ここで大切なことは、これらの句句について、その構図的な配置において、その論理的な関係を考えることでなく、一つの句が他の句を生み出す関係において、その論理性を考えるべきことである。この論理をたどることが、即ち表現を「読む」ことであり、またこの論理に従って表現することが、「書くこと」である。

（『文章研究序説』）

ここで、時枝は、引用した四行の詩句を、冒頭の句（起句）を起点として「一つの句が他の句を生み出す関係において」書かれたものと見なし、また、この詩句を「読む」ことは、「一つの句が他の句を生み出す」その論理をたどることだと述べている。

しかし、本当にそうだろうか。例えば、転句の「諸国諸大名は刀で斬るが」は、「糸屋の娘が男を悩殺するという一つの属性の連想において」持ち出されたと、本文にある。おそらくそうに違いない。そうだとすれば、「糸屋の娘が男を悩殺する」が結句の内容である以上、作句の順序は「起句→承句→結句→転句」であったと考えなければならない。つまり、この俗謡は、起句が承句を生み、承句（ないしは起句＋承句）が転句を生むというような「一つの句が他の句を生み出す」ことによって作られたというより、むしろ「起承転結」という「構図的な配置」のもとに四つの句が案出されたと考えるべきものである。

同様のことは、時枝の右の文章そのものについても指摘できる。この説明文の論点は、〈文章は「構図的な配置」に基づいて理解すべきではなく、冒頭文が順次他の文を生み出すという線条的な関係として理解すべきである〉ということである。これが右の文章の結論であり、四行の俗謡はこの結論を分かりやすく説明するための具体例となっている。つまり、文章の成立過程としては、冒頭の俗謡がその展開の結果として右の結論を生み出したのではなく、結論がまず存在し、その後で結論にふさわしい具体例が選ばれた、と考えるのが自然である。

言語行為の多面性

確かに文章は、「話す」場合も「書く」場合も、継時的・線条的な表現として出現する。そして、それを理解する行為である「聞く」ことも、話すことと同様に継時的・線条的であり、書かれたものを順にたどって「読む」ことも継時的・線条的な行為であると言ってよい。この点は、確かに、時枝の指摘する通り、音楽や映画と共通する文章表現の特性であると考えられる。

しかし、時間とともに進行する一本の線条という説明は、それが完全に当てはまるのは、人間の脳から外化された観察可能な言語（つまり、音声化された言語と文字化された言語）に限定されるだろう。実際には、人間の言語行為の中枢を占めるのは、脳内で行なわれる言語処理過程（＝思考過程）であり、言語は、人間の身体（口や手）から離れる前と身体（耳や目）に入った後では、専ら脳内の活動として実行される。

もちろん、脳科学の進歩した現在においても、言語と脳の関係はまだ多くの謎に包まれている。しかし、ここで問題にしようとするのは、そのような脳科学的な水準の問題ではない。

我々は、ことばを「話す」とき、考えたことをそのまま発言しているとは限らない。考えたことを言わないことも、考えたことと反対のことを言うこともあり、発言の順序が考えの順序と一致しないことも多い。「聞く」行為についても同様である。我々は、耳に聞こえることをただそのまま理解しているわけではない。聞きながら、さっきと違うことを言っていると思うこともあれば、話の内容を別のことと結び付けて納得することもある。「書く」行為・「読む」行為についてはいうまでもないだろう。我々は、しばしば、書こうとする内容をあらかじめ書き出し、それを削ったり足したり、順序を組み替えたりしながら文章を書く。読む場合にも、前の所に戻ったり、内容を要約したり、知っていることと対比したりしながら、内容を理解しようとする。

このように、我々の言語行為は、「表現」においても「理解」においても、ただ継時性や線条性だけに支配されているわけではない。そこには、表現の表にある顕在的な内容とその裏にある潜在的な内容との複合した関係があり、表現面に現れた継時的・線条的順序とは異なる言わば順不同の多様な活動が存在している。

その結果、現実の文章には、表現されたことばと表現された順序をはるかに超える多面的な関係がまとわりつくことになる。「文章の構造」という問題を考えるには、実際の言語活動のもつこのような複雑で多面的な関係を考慮に入れなければならない。

時枝文章論の文章分析

継時性・線条性に依拠した文章論には以上のような限界があるが、時枝文章論で注目すべき点は、実際の文章を分析する場面では、こうした特性だけに捕らわれない柔軟な解釈が示されていることである。それは、例えば、夏目漱石の『こころ』（上「先生と私」第二十回）を取り上げた次のような箇所に見られる。

「先生」は、友人と会食するために家を空けることになったので、「私」は留守番を頼まれて、「奥さん」と「先生」の態度の変化について語り合う。実はその頃近所に盗難事件が三、四日続いたので、「先生」の不在は、「奥さん」を気味わるくさせるので、その用心棒という意味で、「私」が留守番を頼まれたのである。やがて先生が帰って来た。

　先生は笑いながら「どうも御苦労さま、泥棒は来ませんでしたか」と私に聞いた。それから「来ないんで張合が抜けやしませんか」と云った。

　帰る時、奥さんは「どうも御気の毒さま」と会釈した。其調子は忙がしい処を暇を潰させて気の毒だというよりも、折角来たのに泥棒が這入らなくって気の毒だという冗談のように聞こえた。

右の会話中の「奥さん」の「どうも御気の毒さま」という言葉は、暇を潰させたことにも、また、泥棒が来なくなって手持ぶさたでお気の毒であるということにも、両様の意味に解せられるところで、この表面に現れたところだけからは、「奥さん」の真意を把《とら》えることは困難である。しかし、「私」は既に留守番をしながら、「奥さん」と次のような冗談を云っている。

（奥さん）「でも退屈でしょう」

（私）「いいえ。泥棒が来るかと思って緊張しているから退屈でもありません」

　奥さんは手に紅茶々碗を持った儘《まま》、笑いながら其所《そこ》に立っていた。

「此所《ここ》は隅っこだから番をするには好《よ》くありませんね」と私が云った。

（奥さん）「じゃ失礼ですがもっと真中へ出て来て頂戴。御退屈だろうと思って、御茶を入れて来たんですが、茶の間で宜《よろ》しければ彼方《あちら》で上げますから」（第十六回）

更に、先生が帰って来て、「どうも御苦労さま、泥棒は来ませんでしたか。来ないんで張合が抜けやしませんか」と冗談を云っている。従って、「奥さん」の真意が、仮にまともな挨拶を意図したとしても、受取る「私」には、これを冗談と解する充分な条件が揃《そろ》っていたと見ることが出来るのである。

（『国語学原論　続篇』一九五五／岩波文庫、二〇〇八）

ここで、時枝は、奥さんの「どうも御気の毒さま」という発言について、「暇を潰させたことにも、また、泥棒が来なくなって手持ぶさたでお気の毒であるということにも、両様の意味に解せられる」と述べている。つまり、この奥さんの発言は、表現されたことばとしてはもちろん線条（単線）を成しているが、聞いて（あるいは読んで）理解する対象としては、「まともな挨拶」とも「冗談」ともとれる複線的な（多義的な）構造をもっていると言える。

この複線性（多義性）に対して、時枝は、「表面に現れたところだけからは、真意を把えることは困難である」として、これより四回分前の第十六回の叙述を参照する。このように先行箇所を手掛かりにして表現の意味を考えることは、もちろん文章解釈の方法として珍しいことではない。しかし、「線条」とは、一本の線が前へ前へと途切れずに続く状態であるとすれば、第二十回から第十六回に戻り、しかも途中の叙述を越えて二つの回を接続させるこのやり方は、線条性に基づく解釈と呼ぶよりは、むしろ立体的な解釈とでも名付ける方が適当だろう。

また、「表面に現れたところだけからは、真意を把えることは困難である」という指摘には、「表面に現れたもの」と「表面には現れていない、裏面に隠れているもの」という対比、言い換えれば顕在と潜在の対比を見ることができる。この対比は、言語の表現行為としては、表現される顕在的なものとその裏面にある潜在的なものが同時に存在するという構造をとる。すなわち、右の『こころ』の場合、「どうも御気の毒さま」という表現が顕在化するとき、その表現の裏側には、同時に、それ以前に行なわれた奥さんと私のやりとりが潜在していると考えられる。

このように、時枝誠記の文章分析には、継時性・線条性という特性だけに捕らわれない解釈の自在さを認めることができる。それは、右の例においては、表現されたものに複線的な意味を見いだすことであり、また、空間的に離れている複数の表現を結び付けて解釈することであり、さらには、表現する行為のなかに顕在的なものと潜在的なものの存在を同時に認めることであった。

このような文章の捉え方は、本書の目指す方向と共通している。

文章表現の原理的な構造

「構造」とは一般に、ある全体を構成する要素間の諸関係をいう。文章を構成する要素は文であり、文はまた語から成り立つ。したがって、文章の構造とは、文章を構成する文と文、文と語、語と語の諸関係であると言える。

時枝の文章論が言う継時的・線条的な構造も、こうした文章構造の一つではある。しかし、継時性・線条性によって文章構造を説明することには、右にやや詳しく論じたような限界がある。一方で、時枝の文章分析からは、意味の複線性、表現相互の立体的な関係、顕在と潜在の対比など、文章構造を考える上での貴重な視点を取り出すことができた。こうした視点をもって文章を読むことは、漱石の例文に限らず、他の文章を読む際にも一定の有効性をもつに違いない。しかし、もちろん、このような視点がそのまま文章表現の原理的な構造になるわけではない。

本書が追究する文章表現の構造とは、どのような種類の文章にも当てはまる原理的な構造を意味する。文章には、評論や論説、小説、随想、詩歌、日記や手紙、記録や報告、新聞記事や学術論文など多くの種類があり、さらに、こうした分類に収まりきらない文章も存在し得る。これらの多種多様な文章も、それが文から成り、文は語から成るという点でまず共通しているが、それだけに留まらず、文と文、文と語、語と語の関係についてどの文章にも当てはまる共通の法則が見いだせるなら、それこそが文章表現の原理的な構造と呼ぶべきものになるだろう。本書が追究しようとするのは、そのような原理的な構造である。

本書の構成と概要

本書は、右のような文章表現の原理的な構造として、〈命題の構造〉〈対立の構造〉〈類同の構造〉〈抽象の構造〉の四つを考えている。

文章は「命題」によって統一されている、というのが〈命題の構造〉である。また、文章には、二つ以上のものが互いに「違う」ものとして関係する面と、互いに「同じ」ものとして関係する面とがある。これが〈対立の構造〉と〈類同の構造〉になる。そして、文章は「抽象と具体」という関係を含み持つというのが〈抽象の構造〉である。〈抽象の構造〉は、「違う」ものを「同じ」ものにし、「同じ」ものを「違う」ものにする構造でもある。

この四つの構造は、文章の種類を問わずどのような文章にとっても必須の構造である、と考えられる。

第一部「文章表現の原理となる構造」では、この四構造の基本的説明と四構造全体の関係を示し、さらにそれぞれの構造について発展的な説明を行なう。

第二部「文章表現の原理の応用」では、まず、四構造全体の応用として「文章の要約」を取り上げる。その後は、それぞれの構造の応用と考えられる文章形式を、具体的な文章例を示しながら考察する。最初に取り上げる「帰納と演繹」は〈抽象の構造〉の忠実な応用である。それに続く「比喩」「象徴」「類推」の三つはいずれも〈類同の構造〉の応用形式、「逆説（パラドックス）」「アイロニー（反語・皮肉）」「弁証法」の三つはどれも〈対立の構造〉の応用形式である。最後の二つのうち、「沈黙」は、「表現」との間に最も深い意味での〈対立の構造〉を形成する。そして、「普遍化」は、〈抽象の構造〉を含む究極の表現形式と考えられるものである。

文章例を選ぶ際には、①文章として優れているもの、②できれば人口に膾炙しているもの、という二つの点を意識した。本書は「どのような種類の文章にも当てはまる文章の構造」を追究するものであるため、いわゆる論理的文章と文学的文章の区別はせず、評論、小説、詩歌などから幅広く文章例を集めることとした。結果的には、夏目漱石の文章を最も多く取り上げることになったが、小説・評論の両面において、右の二条件に最もよく当てはまるのは、やはり夏目漱石の作品であると言えるだろう。また、国語の教科書に収録されている文章や新聞の投書・投稿なども比較的多く採用した。

本書が目標としたのは、優れた文章を例文として選び、その文章の助力を得て、文章表現の原理的な構造を分かりやすく説明することである。言うまでもないことであるが、その成否については読者の方々の判断を俟たなければならない。

第一部　文章表現の原理となる構造

第一章　命題の構造

文と命題

「命題」とは、一般に、ある題目を取り上げてそれに対する判断を述べたものをいう。命題は文の形をとる。したがって、ここから、文とは命題の表現である、という定義が生まれる。例えば、アメリカの言語学者エドワード・サピア（一八八四〜一九三九）は、言語の諸原理を探究した『言語――ことばの研究序説』（一九二一年刊）で、次のように述べている。

　文の定義はむずかしくない。文とは、命題の言語的表現である。文は、談話の主部と、この主部に関する叙述とを結びつける。主部と「述部」は、ラテン語の dico（わたしは言う）のように、単一の語のなかで結合することもあるし、対応する英語の文 I say のように、両者は独立して表現されることもある。また、両者あるいは一方が修飾されて、いろいろと複雑な命題になることもある。

（サピア『言語』「第二章　ことばの要素」安藤貞雄訳、岩波文庫、一九九八）

ことばが一連の命題から成り立っていることを想起するとよい。何か話題にするべき事柄がなければならないし、ひとたび、談話の主題が選ばれれば、それについて何事かを叙述しなければならない。この区別〔主題と叙述〕は根本的に重要なことなので、大多数の言語は、この命題の二つの項のあいだにある種の形式的な障壁を設けて、この区別を強調してきた。

（同「第五章 言語の形式——文法的概念」）

ここでは、文とは命題の表現であって、「主部と述部」（ないしは「主題と叙述」）が結び付いて文すなわち命題になると説明されている。

ここで「主部」「主題」はともにsubject《サブジェクト》の訳語であり、これは「主語」「題目」と訳されることもある。また、「述部」「叙述」はpredicate《プレディケット》の訳語であり、「述語」と訳されることも多い。「談話」は原文ではdiscourse《ディスコース》である。

言語学用語としてのdiscourse（談話）は、会話・講義・講演などの話されたものと、記事・エッセイ・小説・論文などの書かれたものの総称であり、ときには「文章」と訳されることもある。本書で用いる「文章表現」も、ほぼこのdiscourseに相当する。

さて、サピアの「文は命題の言語的表現である」という定義であるが、確かに、命題は主部と述部を備えた文として表現され、この形式をとらない命題は考えることができない。しかし、この「命題を表現する文」は平叙文と呼ばれる文であって、文のすべてではない。文にはこのほかに疑問文、命令文、感嘆文などがあり、また、平叙文ではあっても、特に日本語の文では主部を欠くものも多い。要するに、命題は文として表現されるが、これを逆にして「文はすなわち命題である」と考えることには無理がある。

文章と命題

「序章」で述べたように、文章とは、一つの統一体を成す文の集合であると考えられる。つまり、文章の要件は、第一に、一つ以上の文から成る「文の集合体」であり、第二に、「一つの統一体」である、ということになる。したがって、文章とは何か、という問題を解決するには、「文の集合体を文章として統一するものは何か」という問いに答えなければならない。

この問いに対して、サピアの二つ目の引用文はかなり示唆的である。そこには、「ことばが一連の命題から成り立っていることを想起するとよい。何か話題にするべき事柄がなければならないし、ひとたび、談話の主題が選ばれれば、それについて何事かを叙述しなければならない」と書かれていた。ここで想定されているのは「命題としての文」であるが、この説明は、むしろ、「文章」にこそふさわしいと考えられる。

すなわち、文章には、まず、「何か話題にするべき事柄」がなければならない。本書ではこの「話題にするべき事柄」を「題目」と呼ぶ。(引用文では「主題」と訳されているが、「主題」は作品の中心思想を示す用語として定着しているので、本書では採らない。)

題目が決まれば、「それについて何事かを叙述」することになる。本書ではその内容を「叙述」

と呼ぶことにする。

「題目＋叙述」が肯定または否定の形をとるとき、つまり平叙文を作るとき、それは一つの命題の表現となる。しかし、前節で述べた通り、題目に関する叙述がすべて平叙文になるわけではない。疑問文として提出されることもあれば、題目（主部）を欠いた叙述部分だけの表現になることもある。ときには感嘆文や命令文にもなり得る。

ある一つの題目に関して、このような種々の文（肯定・否定の平叙文、疑問文、主部のない文、ときには感嘆文や命令文）が連なって文の連鎖が作られる。そして、こうした文の連鎖がある程度の長さに達したとき、表現主体（書き手や話し手）は、「言いたいこと」をひとまず言い終えたという一種の成就感とともに一続きの言語行為を終了する。

こうして、ある題目についての一連の叙述が成就感をもって終了するとき、表現された「文の集合体」は一つの「言いたいこと」をその内部にもつことになる。そして、それは「一つの言いたいこと」であるため、結局は「一組の題目と叙述」によって作られる「一つの命題」へと収束する。最初に提起した問い、すなわち「文の集合体を文章として統一するものは何か」という問いに対しては、それは、「言いたいこと」を言い終えたという成就感とともにあるこのような一つの命題である、と答えることができる。

以上のように、文の集合体は、それが表現主体の成就感とともに一つの命題（＝一組の題目と叙述）に収束するとき、統一体としての文章になる。文章がこのような意味での「命題」に収束し、その命題によって統一されていることを、本書では文章表現の〈命題の構造〉と呼ぶ。

命題とその含意

ここからは実際の文章表現を取り上げて、〈命題の構造〉を確認してみたい。

最初は、「主部と述部」(「主語と述語」)をもつ文の連鎖によって文章が成り立っている例である。(以下、例文には文番号を付ける。)

①木曾路はすべて山の中である。②あるところは岨《そば》づたいに行く崖の道であり、あるところは数十間の深さに臨む木曾川の岸であり、あるところは山の尾をめぐる谷の入り口である。③一筋の街道はこの深い森林地帯を貫いていた。

(島崎藤村『夜明け前』一九二九/岩波文庫、一九六九)

文章全体は「主部と述部」を備えた三つの文からできている。それぞれの文の主部(主語)は異なるが、文章全体の「題目」は「木曾路」である。②では木曾路の一部分を「あるところ」と言い、③ではその全体を「一筋の街道」と言い換えている。

「叙述」のうち、②の「岨《そば》づたいに行く崖の道であり」、「数十間の深さに臨む木曾川の岸であり」、「山の尾をめぐる谷の入り口である」は、①の「すべて山の中である」を具体化したものと言える。また、③の「この深い森林地帯を貫いていた」は、①の「すべて山の中である」をやや詳しく言い換えたものである。結局、三つの文の「叙述」はどれも「(木曾路が)山中の街道である」ことを語っている。

つまり、この文章全体の「命題」(=題目+叙述)は冒頭の①に示されていると考えられる。では、①だけでも(②③がなくても)文章と呼ぶことができるだろうか。文章は一つの文から成ることもあり、その意味では①を文章と考える余地は確かにある。

しかし、この文章の場合、①の命題は②③を含意するものとして表現されている。②による具体化、③による言い換えを伴ったとき、①は初めて自己を十全な形で表現することができたのである。これを作者の側から言えば、①の文だけでは、まだ「言いたいこと」を表現しきれていないという思いが残るだろう。この後に②と③を書き加えたとき、作者は初めて「言いたいこと」を十分言い終えたという成就感をもてたはずである。読者としても、②③を読むことによって初めて①の含意を十分に理解できるようになる。

このように、全体の命題は①によって示されているが、①は②③を伴うことによって全体の命題たり得ているのであり、したがってこの三文の全体を「文章」と呼ぶのが適当である。

文章の範囲と命題の範囲

しかし、右の例文のように文章を構成する各文がそれぞれ「主部と述部」(「主語と述語」)を備え、しかもその主部が同一内容を示している場合はそれほど多くはない。むしろ、次のように、主部が省略されたり、途中で別の主部に転換したりする方が普通である。

①親譲りの無鉄砲で子供の時から損ばかりしている。②小学校にいる時分学校の二階から飛び降りて一週間ほど腰を抜かしたことがある。③なぜそんなむやみをしたと聞く人があるかもしれぬ。④べつだん深い理由でもない。⑤新築の二階から首を出していたら、同級生の一人が冗談に、いくらいばっても、そこから飛び降りることはできまい。⑥弱虫やーい。⑦とはやしたからである。⑧小使におぶさって帰ってきた時、おやじが大きな目をして二階ぐらいから飛び降りて腰を抜かすやつがあるかと言ったから、この次は抜かさずに飛んでみせますと答えた。

（夏目漱石『坊っちゃん』一九〇六／角川文庫、一九九五）

「坊っちゃん」自身が自分を語る文章であり、主部の「おれ」はすべて省略されている。主部が「おれ」以外の人物に転換するとき、③「……聞く人が」、⑤「同級生の一人が」、⑧「おやじが」というように主部が表現の表に現れる。

この文章の場合、これらの明示的な「主部」はどれも文章の「題目」と一致しない。文章全体の「題目」は、潜在する主部である「おれ」、または「おれという人間」である。右の文章が全体として示す「命題」は、「おれは、親譲りの無鉄砲者で、子供の時から損ばかりしている」ということであり、ここでも冒頭の一文が全体の「命題」を先取りする形になっている。

さて、右の文章は、よく知られた『坊っちゃん』の書き出しの部分である。作者は、これをひとまとまりの段落として作品の冒頭に据えた。つまり、右の⑧まで書いたとき、作者の胸中にあった最初の「言いたいこと」は、一つの統一体として表現の上に顕在化し終えたと言える。

　しかし、『坊っちゃん』はこの後、第二段落では友だちにそそのかされてナイフで親指を切る話、第三段落では栗泥棒の勘太郎を懲らしめる話が続き、さらに第四段落には人参畠を荒らし、田圃の井戸を埋めるといういたずらの披瀝があって、坊っちゃんの無鉄砲振りはここでようやく一区切りとなる。こう読んでくると、冒頭の一文は第四段落にまで及ぶということになる。したがって、この場合は、文章の範囲も第四段落の終わりまで拡張されることになる。

　しかし、実は、それだけでなく、文章の範囲はさらに遠くまで広がると考えることもできる。

　この作品の中心となるストーリーは、平たく言えば、坊っちゃんが義侠心に駆られて数学教師の地位を棒に振る、というものである。「親譲りの無鉄砲で子供の時から損ばかりしている」というその損の最大のものは、この四国の中学校での出来事であったと言える。このように読む場合、作品冒頭の一文は『坊っちゃん』全体を支配する命題となり、この命題の力によって作品は一つの統一体として成立している、と考えることができる。

　この例が示すように、「文章」というものの範囲はしばしば可変的である。どこまでを一つの文章のまとまりと考えるかは、どこまでを一つの命題によって覆うことができるかという問題であると言える。

問題の解答としての命題

以上の二つは小説であったが、最後にもう一つの文章例として評論を取り上げておきたい。

「や」「かな」「けり」などの切れ字について、国語の教科書や俳句入門書の類《たぐい》は強調するためとか省略の技法などと教えるが、どれも誤りである。芭蕉が去来や丈草に語ったように「切字を入るるは句を切るため也」。これ以外にはない。

では、「句を切る」とはどういうことかといえば、ただでさえ十七音しか許されないから俳句にはもともと文脈などほとんどないに等しいのであるが、そのわずかな文脈をさらに切り刻むということである。切り刻んで何をするかというと、言葉と言葉の切り口に時間的、空間的な間を生み出そうとする。

「句を切る」ことによって生み出されるこの間こそ、短い俳句が文章や詩に匹敵し、あるいはそれ以上の内容を伝えることを可能にしている。間とは言葉の絶え間。すなわち沈黙。俳句は言葉を費やすのではなく言葉を切って間という沈黙を生みだすことによって心のうちを相手に伝えようとする。俳句の言葉はわずか十七音しかないが、俳句は内部に言葉の分量をはるかに上回る豊かな沈黙を包みこんでいる。

（長谷川櫂《かい》『俳句的生活』中公新書、二〇〇四）

この文章の「題目」は「俳句の切れ字」である。これは「俳句の切れ字とは何か」という「問題」を生み、三つの段落による「叙述」が問題に対する解答になっている。その解答を凝縮したものが文章全体の「命題」となる。各段落の内容は、次のようにまとめることができる。

［第一段落］切れ字は、句を切るためのものである。

［第二段落］句を切るとは、言葉と言葉の切り口に間を生み出すことである。

［第三段落］間という沈黙が、わずかな言葉で豊かな内容を伝えることを可能にする。

「切れ字」という題目は、第一段落「句を切る」→第二段落「間」→第三段落「豊かな内容」という三段階の「叙述」を積み重ねることで全体の「命題」に到達している。文章全体の命題は、「俳句の切れ字は、句を切って間すなわち沈黙を生み出し、少しの言葉で豊かな内容を伝えるためのものである」となるだろう。

このように、評論の場合には、全体の命題は文章の最後に至ってようやく全体像を現すことが多い。評論は、多くの場合、冒頭ないしはその近くで「題目」を示して「問題」を提起し、その問題に対して段階的に「叙述」を連ねることで、文章全体の「命題」を形成していく。

命題群と上位の命題

以上の三例が示しているように、文章は、「題目と叙述」からなる〈命題の構造〉によって一つの統一体として成立する。言い換えれば、一つの命題で覆うことのできる範囲が一つの文章の範囲になる。しかし、『坊っちゃん』で述べたように、一つの命題で覆うことができる範囲は、必ずしも一通りとは限らない。この意味で、一文章と見なし得る範囲は可変的である。

したがって、長い文章の場合には、全体を一つの命題から成る一文章と考えることもできれば、全体をいくつかの（あるいは、多くの）文章の集合体として捉えることもできる。後者の場合、全体の文章は、複数の命題を連ねた「命題群」によって成立していると言える。

長い文章を命題の集合と見る場合、その命題群は、文章の種類（ジャンル）によって性格の異なるものとなる。小説の場合、命題群はストーリー（筋）をまとめた「あらすじ」になり、「あらすじ」より上位には「主題」と呼ばれる小説全体の命題を考えることができる。一方、評論・論説などの場合には、論理的なつながりをもつ命題群は「要約文」としてまとめることができ、その「要約文」の中心内容は「要旨」と呼ばれる上位の命題となる。

このような上位の命題という視点に立てば、小説という文章は「主題」という一つの命題によって、評論・論説などの文章は「要旨」という一つの命題によって、それぞれ統一されていると考えることができる。

第二章　対立の構造

潜在的な対立

前章で述べたように、文章とは〈命題の構造〉をもつ文の集合体であり、その「命題」は「題目」とそれについての「叙述」によって構成される。このような表現過程において必然的に発生するのは、「あるものと他のもの」という対立関係である。

文章を表現するとき、書き手や話し手は、脳裏に浮かぶ多種多様な事柄の中から話題にするにふさわしい「題目」を選ぶ。このとき選ばれた事柄は、頭の中にある他の事柄から「差異化」されて題目になる。ここで、「差異化」とは、あるものを他と「違うもの」と見なして区別することをいう。「差異化」の舞台は可変的であり、これを最大限拡張するなら、選ばれて題目になった事柄は、この世界に存在する無数の事柄の中から差異化された、と考えることもできる。

このとき、差異化されて題目となった事柄は、それ以外の事柄との間に「取り上げられたもの」と「取り上げられなかったもの」という「対立関係」を作る。取り上げられなかった事柄は、少なくともこの段階では言語表現の表には出ない。つまり、それは題目となった事柄に対して潜在的な対立項となり、したがって、ここには「潜在的な対立関係」が存在することになる。

文章の「題目」が、表現主体（書き手や話し手）の脳裏にある「他の事柄」から差異化されたものであること、あるいは、それがこの世界に存在する無数の「他の事柄」から差異化されたものであることは、どのような種類の文章についても例外なく指摘できる。したがって、ここに見られる「潜在的な対立関係」はあらゆる文章にとって必須の関係となる。

同様のことは、文章の「叙述」についても当てはまる。すなわち、ある題目について何事かを叙述するとき、その何事かは多くの「叙述として可能な表現」から選び取られる。選び取られた叙述はそれ以外の可能的な叙述から差異化されており、両者は潜在的な「対立関係」に置かれる。

このように、文章の表現過程において、「題目」と「叙述」は、それぞれ他の事柄や表現との間に潜在的な対立関係をもちつつ文章の表現面に現れる。その結果、表現された「命題」もまた、それ以外の可能的な命題との間に潜在的な対立関係を構成することになる。

このような「題目」「叙述」「命題」における潜在的な対立関係は、可能性としては無限に考えることができるが、実際の文章表現の過程では、書き手や話し手は、脳裏に浮かぶ限られた事柄の中から最適と思うものを選んで表現している。

顕在的な対立

これらの潜在的な関係に比べてはるかに明瞭な対立関係は、実際に文章上に現れた顕在的な対立関係である。

顕在的な対立関係はまず「題目」の取り扱い方に現れるが、これには二つの場合が考えられる。一つは取り上げた対象（題目）の内部をいくつかの要素に分ける場合、もう一つはその対象（題目）を外部の他のものと比較する場合である。

例えば、「日本文化の特質」という題目であれば、前者のやり方では、日本文化を芸術、宗教、思想、学問、生活様式などの小項目に分けて考察することになる。このとき、分けられた小項目（要素）は互いに対立関係に置かれる。一方、後者の場合には、日本文化を西洋文化との比較、あるいは日本以外の東洋文化との比較などによって解明することになる。この場合、「日本文化と西洋文化」のように相互に比較される二者は、対立関係を作る。

このような対立関係は「叙述」の過程にも当然現れる。すなわち、叙述の内容を小項目に分けて詳述したり、他の事柄と対比したりすることは文章を書く基本と言ってもよい。また、判断を下す叙述の場合には、「肯定」に対して「否定」という明確な対立の形式がある。

そして、このような「題目における対立」と「叙述の段階での対立」が結合するとき、いくつもの対立する「命題」が生まれることになる。特に、評論や論説などの場合、「題目」から最終的な「命題」に至る文章の展開過程には、ほとんど例外なくこうした対立する命題が登場する。

以上のように、文章表現は潜在・顕在の両面においてさまざまな対立関係をもつ。これらの関係の全体を本書では文章表現の〈対立の構造〉と呼ぶ。表現の表に対立する要素を全く持たない文章であっても、潜在的な対立関係は必ず存在している。この意味で、〈対立の構造〉はすべての文章表現にとって必須の構造であると言うことができる。

対立関係の文章例

最後に、〈対立の構造〉の文章例を示して右の記述を補うことにしたい。寺田寅彦の「科学と文学」（一九三三年発表）という文章から、その一つの節である「文章と科学」の全文を掲げる。

①「甲某の論文は内容はいいが文章が下手で晦渋《かいじゅう》でよくわからない」というような批評を耳にすることがしばしばある。②はたしてそういうことが実際にありうるかどうか自分にははなはだ疑わしい。③実際多くの場合にすぐれた科学者の論文は文章としてもまた立派なものであるように見える。④文章の明徹なためには頭脳の明徹なことが必須条件である。⑤頭脳が透明であるのに母国語で書いた文章が晦渋をきわめているという場合は、よほどな特例であろうと思われるのである。（第一段落）

⑥反対に「乙某の論文は内容は平凡でも文章がうまいからおもしろい」という場合がある。⑦これも自分には疑わしい。⑧平凡陳套《ちんとう》な事実をいかに修辞法の精鋭を尽くして書いてみても、それが少なくもちゃんとした科学者の読者に「おもしろい」というはずがないのである。⑨そういう種類のものにはやはり必ず何かしら独創的な内察があり暗示があり、新しい見地と把握

のしかたがあり、要するになんらかの「生産能」を包有しているある物がなければならないのである。（第二段落）

⑩中学生時代に作文を作らされたころは、文章というものが内容を離れて存在するものと思っていた。⑪それで懸命にいわゆる美文を暗誦したりしたが、そういう錯覚は年とともに消滅してしまった。⑫修辞法は器械の減摩油のような役目はするが、器械がなくては仕事はできないのである。⑬世阿弥の能楽に関する著書など、いわゆる文章としてはずいぶん奇妙なものであるが、しかしまた実に天下一品の名文だと思うのである。（第三段落）

⑭それで、考え方によっては科学というものは結局言葉であり文章である。⑮文章の拙劣な科学的名著というのは意味をなさないただの言葉であるとも言われよう。（第四段落）

⑯若い学生などからよく、どうしたら文章がうまくなれるか、という質問を受けることがある。⑰そういう場合に、自分はいつも以上のような答えをするのである。⑱何度繰り返して読んでみても、何を言うつもりなのかほとんどわからないような論文中の一節があれば、それは実はやはり書いた人にもよくわかっていない、条理混雑した欠陥の所在を標示するのが通例である。⑲これと反対に、読んでおのずから胸の透くような箇所があれば、それはきっと著者のほんとうに骨髄に徹するように会得したことをなんの苦もなく書き流したところなのである。（第五段落）

⑳この所説もはなはだ半面的な管見をやや誇張したようなきらいはあろうが、おのずから多少の真を含むかと思うのである。（第六段落）　（『寺田寅彦随筆集　第四巻』岩波文庫、一九六三）

タイトルは「文章と科学」となっているが、扱われている「題目」は「科学論文における文章と内容」である。頻出する語句をたどれば、自ずとこの「題目」が浮かび上がってくる。

この題目について、筆者はどのように考え、何を主張しようとしているのか。その主張を簡潔に表現したものが、後に掲げる文章全体の「命題」となる。

自説（主張）の展開に当たって筆者が採ったのは、まず自説と対立する説を取り上げ、それに対する反論を積み上げることで主張を鮮明にしていく、という論法であった。

自説をA、対立する説をBとすると、各段落の主要な論点は次のように整理できる。なお、第六段落は、主張を述べ終えた後の「結び」である。（丸数字は文の番号。）

［第一段落］B　①　内容はいいが文章のまずい論文がある。
　　　　　　A　主として③　すぐれた科学者の論文は文章としても立派である。
［第二段落］B　⑥　内容は平凡でも文章がうまくておもしろい論文がある。
　　　　　　A　主として⑧　平凡な事実はどう書いてみてもおもしろくはならない。
［第三段落］B　⑩　文章というものは内容を離れて存在する。
　　　　　　A　主として⑫　文章の内容がなければ修辞法も役に立たない。
［第四段落］A　⑮　文章の拙劣な科学的名著というものはあり得ない。
［第五段落］Aの補足　⑱　不明瞭な表現は著者の理解に欠陥があることを示している。
　　　　　　⑲　明快な表現は内容に対するすぐれた理解の現れである。

これで分かるように、右の文章の骨格は、B「対立する説」とA「自説（主張）」との〈対立の構造〉によって成り立っている。全体がそうであるだけでなく、第一段落～第三段落では、段落の内部にそのような〈対立の構造〉が含まれている。

最後に、この文章の〈命題の構造〉を確認しておきたい。主張を整った「命題」として述べているのは、③「すぐれた科学者の論文は文章としても立派である」、⑮「文章の拙劣な科学的名著というものはあり得ない」の二箇所である。その内容を短縮すれば、「よい論文は文章もよい」ということになろう。右の文章は、このような命題によって一つの統一体を形成している。

ここで取り上げたものは顕在化した〈対立の構造〉の明快な例であり、右の分析においても文章の表に見える対立関係だけを問題にした。潜在する対立関係をはじめとする〈対立の構造〉の多様な側面は、四つの構造が出揃った後、第八章「対立表現の諸相」で扱うことにする。

第三章　類同の構造

類同・類同性・類同化

「類同」は、辞書を引くと「似通っていること。同じ種類であること」と記されているが、本書ではこれを「対立」の反対概念として使用する。

「対立」とは二つのものごとが「違うもの」として関係することであり、「類同」は二つのものごとが広い意味で「同じもの」として関係することを指す。「対立」は「差異性」に基づく関係のあり方であり、「類同」は「同一性や類似性」に基づく関係のあり方をいう。同一性と類似性が混合したような特性は「類同性」と名付けることができる。「差異性」とは「違っていること」、「類同性」とは広い意味で「同じであること」である。

我々の日常的な用語法では「同一」と「類似」の区別は甚だあいまいである。個物という視点から見れば、この世界にあるものはすべて異なるものであり、同一のものは存在しないと言うこともできる。一方で、我々の日常を振り返ってみると、「似ている」「同じようだ」「同じだ」は厳密には区別されず、これらをすべて「同じだ」と表現することも少なくない。例えば、色も柄もよく似た衣類については「同じセーターを着ている」などと言ったり、十年振りに会った友人同士が「全然変わっていない。昔と同じだね」と言ったりする。

本書で用いる「類同」はこの日常語の「同じ」に近い。もう少しことばを補えば、「同じと見なされるものごとのあり方」が「類同」である。ある二つのものを「同じ」ないしは「同じようだ」と見なして一括《ひとくく》りにする場合、その二者は「類同関係」にあるということになる。

また、あるものを他と「違うもの」と見なして区別することを「差異化」と言うのに対して、二つ以上のものを「同じもの・同じようなもの」と見なして一括りにすることを、本書では「類同化」と呼ぶ。

潜在的類同と顕在的類同

さて、前章までの段階で、〈命題の構造〉と〈対立の構造〉を文章表現に必須のものとして取り上げてきたが、第三の構造と考えられるのが〈類同の構造〉である。

〈対立の構造〉で述べたように、ある事柄が「題目」となるとき、その事柄はこの世界にある他の無数の事柄から「差異化」される。差異化のこちら側には題目として選ばれた事柄があり、あちら側には選ばれなかった無数の事柄がある。このような意味で両者は「対立関係」を構成するが、その内容に注目すれば、題目に類似した事柄は、選ばれなかったもののなかにも多数存在し得る。そのような類似した事柄は、題目との間に潜在的な「類同関係」を作る。

同様のことは「叙述」にも当てはまり、したがって「命題」についても同じことが指摘できる。語られた叙述・命題は、語られなかった類似の叙述・命題と潜在的な類同関係を構成する。

文章表現には、こうした潜在的な類同関係とともに、読むことや聞くことによって直接確認できる顕在的な類同関係ももちろん存在する。

文章表現における顕在的な類同関係には、文の類同関係・語句の類同関係、および段落の類同関係がある。文の場合、ある文に対して同一文もしくは類義文が類同関係となる。ただし、実際の文章に同一文が現れることは稀であり、多くの場合、文の類同関係は二つ以上の類義文の関係となる。一方、語句の場合には、ある語句に対して同一語・同義語・類義語が類同関係となる。

類同表現の反復は、音楽や舞踊などにおいても基本的な表現方法になっている。すなわち、音楽の場合に、一つの主題をさまざまに変奏したり、同一の旋律を異なる楽器で演奏したりすることは、「類同表現の反復」と言ってよい。また、舞踊における身体表現が、いくつかの基本的な姿態や動作の繰り返しによって構成されることも、同様に「類同表現の反復」と言える。「同じもの・同じようなもの」の繰り返しは、人間の表現活動の根源に位置していると考えてよいだろう。さらには、人間の一日を単位として繰り返される生活、一年をひとまとまりとして循環する生活にも、同様の類同表現の反復を見ることができる。

文章表現の場合、ある「題目」についての「叙述」が一文だけで完結することは極めて少ない。第一章で取り上げた『夜明け前』の場合、「木曾路はすべて山の中である」という冒頭の一文は、後続する二文を得ることによって初めて十全な「命題」となった。この三つの文はほぼ同じようなことを述べており、その関係は「類同」である。また、『坊っちゃん』では、「親譲りの無鉄砲で子供の時から損ばかりしている」という一文の内容が、①「二階から飛び降りて腰を抜かし」、②「ナイフで親指を切り」、③「栗泥棒を懲らしめ」、④「人参畠を荒らし、田圃の井戸を埋めた」という四つのエピソードによって具体化されていた。この四つは「類似した」事例であり、「無鉄砲で損をした経験」としては「同じ」出来事であった。このような意味で、これら四つのエピソード（およびそれを語る四つの段落）は、互いに類同関係を成すものと言える。

また、我々のふだんの生活では、ある一文を言い終わったとき、すぐに同じことを別なことばで言い直したりすることが珍しくない。「自分の考えをできるだけ正確に表現したい」、あるいは「自分の気持ちを相手によく分かってもらいたい」という欲求は、表現行為にとって本質的なものである。このような欲求に促されて、人は、一つの発言が終わるや否や、類同表現を用いて同じような内容を二度、三度と繰り返すことになる。

以上のように、文章表現には、潜在・顕在の両面においてさまざまな「類同関係」が存在する。この意味で、〈類同の構造〉も文章表現にとって必須の構造の一つに数えることができる。

類同関係の文章例

最後に、〈類同の構造〉の文章例を示して右の記述を補うことにしたい。

引用する文章は、長塚節の短歌「垂乳根《たらちね》の母が釣りたる青蚊帳《あおがや》をすがしといねつたるみたれども」に関連して、短歌の「写生」を論じたものである。筆者の永田和宏は、斎藤茂吉、佐藤佐太郎の写生説を紹介した後で、次のように自説を提出している。

①写生論を行うにはここではスペースが足りないが、結論だけを言うと、私は、写生というのは、目にしたすべての事象のなかから、ただ一点だけを残して、他はすべて消し去る作業であると考えている。②目にしたものをすべて言葉に写しとるということはもともとできないが、三十一文字しかないという短歌定型においては、それがいっそう困難であることは言うまでもない。

③すべてをリアルに写し取ろうとするのではなく、その場の自分の感情にもっとも訴えてきた、たった一つの事象、対象だけを残し、あとは表現の背後に隠してしまおうとする態度、表現法、あるいは手法、それを私は写生と呼びたいと考えるのだ。④「写生とは、対象のもつさまざまの属性の中の、ある一点だけを抽出し、あとはすべてを表現の外に追い出してしまう暴力的な選択だ」(『作歌のヒント』)と書いたことがある。

⑤長塚節が母に対して抱いた思いは、さまざまの細部にあらわれたことだろう。⑥単に母が老いたと述べただけでは、どのように老いたのか読者は追体験できないが、節は「たるみたれども」に全てを託したのである。⑦母親のどのような側面でも描写できたことだろうが、節は眼の前のさまざまの具体から、ただひとつ〈蚊帳がたるんでいる〉という一点だけを抽出した。

⑧それが、そのとき節に母親のすべてを端的に語りかけるものになっていたからである。

⑨従来「写生」というと、いかに対象を丹念に、客観的に描写するかという側面ばかりが強調されてきたきらいがある。⑩むしろ私は、「写生」のポイントは、目の前の何を捨てるか、最後に残すものは何かというところに、方法としての本質があると思っている。⑪節は、そのとき母が吊ってくれた蚊帳のなかで、唯一「たるみたれども」という一点だけを残した。⑫この「残した」というところに、作者の何が言いたかったかがもっとも端的にあらわれるのであり、読者はそこに注意深い視線を配らなければならないのである。⑬説明ということを嫌う短歌という詩型にあっては、そのような作者と読者の視線の交叉が何より重要になってくる。

（永田和宏『近代秀歌』岩波新書、二〇一三）

この文章の「題目」は「写生」、「問題」は「写生とは何か」である。永田説によれば、「写生」とは、対象の一点だけを残して他を消し去る表現方法である。右の文章は、この命題の提示・解説と、命題の実例としての短歌の解釈とから成り立っている。

「写生とは何か」に答える命題は、まず冒頭の①で示され、それが③④⑩で三回反復されている。これがこの文章を貫く第一の「類同関係」である。また、この命題を長塚節の短歌に適用したものは、⑥⑦⑪の三文あり、これがこの文章の第二の「類同関係」となっている。

類同表現の典型と言えるのは、このような「類同関係にある文の反復」である。これは、同じ「内容」（言いたいこと）をやや異なる「表現」（言い方）で言い換えたもの、と説明できる。

ところで、最初に①で「スペースが足りない」と述べたにしては、この繰り返しの回数はいかにも多い。筆者にこれほどの反復をさせたものは何だったのだろう。おそらくは、⑨の伝統的な命題、「対象を丹念に、客観的に描写することが写生である」という対立する説を、自説をもって覆したい、その自説を何とか読者の理解が得られるように表現したい、という強い願望が、繰り返される表現の背後にあったのではないだろうか。

右の文章は⑨~⑫の六行に内容が凝縮されている。全文約二十一行はそれ以上のことを言ってはいない。実に十数行が反復のために使われているのである。しかし、この反復は無駄ではない。楽器や声音による主題の反復が音楽的な感動を深め、身体の類型的な動きが舞踊への陶酔を高めるように、ことばの変奏による類同表現は、読者に対する訴えに強い説得力を付与することになる。

「類同」は「対立」と表裏の関係にあり、第七章「差異化と類同化」で両者の関係を考察する。〈類同の構造〉の詳細については、第九章「類同表現の諸相」で改めて検討することにしたい。

第四章　抽象の構造

抽象と具体の関係

「抽象」とは、「対象から特定の性質を抜き出すこと」ないしは「二者以上の対象から共通の性質を抜き出すこと」をいう。抽象は「抽象化」と言われることもある。また、抽象に伴ってその他の性質を捨てることが「捨象」である。「概念」はこの抽象という作用によって作られる。「抽象」について、辞書では次のように説明している。

事物または表象の或る側面・性質を抽《ぬ》き離して把握する心的作用。その際おのずから他の側面・性質を排除する作用を伴うが、これを捨象という。一般概念は多数の事物・表象間の共通の側面・性質を抽象して構成される。

（『広辞苑』第六版）

種々の具体的なものの中から、共通している性質だけを抜き出して、一つの概念を作りあげること。

（『旺文社国語辞典』第十版）

概念を表現するのはことば以外のものではない。抽象によって概念が作られるということは、ことばも抽象によって作られることを意味する。すなわち、ことばは一つ一つの具体的なものや事柄を表現するのではなく、同種のもの・同種の事柄に共通する概念を表すものとして成立している。(この例外は、固有名詞である。)

ことばが抽象によって成立していることにより、抽象の度合いに応じてことばは互いに階層的な関係を作る。このとき、抽象の度合いが高まることが「抽象化」、その反対が「具体化」となる。例えば、人間や動物が「移動する」場合、それは「歩く」「走る」「跳ぶ」などの語によって具体化できる。また、例えば「杉」や「檜」は、「針葉樹」「木・樹木」「植物」「生物」などというさまざまな抽象化が可能であるが、これらはこの順序で階層を成す。

このようなことばの階層を、S・I・ハヤカワは、『思考と行動における言語』(大久保忠利訳、岩波書店、一九八五)のなかで、「抽象のハシゴ」と名付けた。ハヤカワは、「ベッシー」という名の牝牛を例にとって、「ベッシー」「牝牛」「家畜」「農場資産」「資産」「富」というふうに抽象のハシゴの上昇過程を説明している。

この階層的な関係は、語を組み合わせた「句」や「文」においても成立する。例えば、a「お茶を飲む」とb「水分を補給する」、a「風邪を引く」とb「病気にかかる」では、どちらもbの方が抽象度が高い。ハヤカワは、「文」の階層関係について、「レビン夫人はうまいポテト・パンケーキを作る」、「レビン夫人は料理が上手だ」、「シカゴの女性は料理が上手だ」、「料理の技術はアメリカでは高い水準に達している」という抽象レベルの上昇する例を示している。

文章表現は、このような、さまざまな抽象度の語や文の組み合わせとして成立している。そのため、文章を構成する語や文の間には、多様な「抽象と具体の関係」が存在することになる。さらに、この関係は、顕在的な表現（語や文）についてだけでなく、顕在的な表現と潜在的な表現の関係としてもこれを指摘できる。

本書では、こうした「抽象と具体の関係」の全体を文章表現の〈抽象の構造〉と呼ぶ。この〈抽象の構造〉もあらゆる文章表現に必須の構造である。

段落の構造と文章の種類

この〈抽象の構造〉は、文章中の段落の構造や文章の種類を考えるうえでも重要である。

まず、〈抽象の構造〉は、「段落」というものの性格を内部と外部から二重に規定する。

比較的多くの場合、一つの段落の内部は、中心となる文（中心文）とそれを説明する文（従属文）によって構成されている。このとき、中心文の方が相対的に抽象度が高く、従属文はそれよりも抽象度が低くなる。つまり、段落の内部は、多くの場合、「相対的に具体的な従属文」によって「相対的に抽象的な中心文」を説明する、という構造をもつ。

同様のことは、段落の外部にも、段落相互の関係として存在する。例えば、ある段落で抽象的な見解が述べられ、続く段落にはそれについての具体例や具体的説明が見られる場合、この二つの段落の関係は「抽象と具体の関係」であると言える。

また、〈抽象の構造〉は、文章の種類に応じて、その現れ方に一定の特性がある。

物語や小説などのいわゆる文学的な文章では、抽象度の低い具体的な文や段落の続くことが多く、総じて抽象と具体の起伏は小さい。小説を読みながら、読者が小説全体の抽象的な命題（＝小説の「主題」）について考えることは珍しくないが、多くの場合、そのような命題は小説本文には見えず、この意味での抽象化は読者自身が行なう読書行為の一部となる。

これに対して、評論や論説などの論理的文章の場合、ある題目や問題について説得力のある結論を述べるためには、抽象的な議論だけでなく、理解しやすい具体例や明快な具体的説明を用意する必要がある。評論や論説を書くうえで最も大切なことは、抽象的叙述を分かりやすく具体化することと、具体的事例を無理のない形で抽象化することの二つであると言ってよい。

この後は、こうした抽象と具体の関係を、評論と小説のそれぞれについて確認してみたい。

評論における抽象と具体

最初は、評論に見られる抽象と具体の関係である。次の文章は長い評論の一部であり、全体に抽象度の高い叙述になっているが、ここにも抽象と具体の起伏を見ることができる。

①原始時代から、ヒトはいつも集団として生きており、共同体の一員としてしか自分の生存を保障することができなかった。②時代とともに生産力が発達して、共同体から独立して個人

が自由に生きられる時代になっても、個人は決してバラバラで生きてはいない。③まず、人間をつなぐ言語がある。④経済行為としても部品をつくる専門化した分業は、それらを最終的に組み合わせる協業によってのみ完成品となり、社会的に役立つものとなる。⑤同様に私達の労働も、みな分業の一部分を担う労働ではあるが、それらの労働は企業の中で、あるいは社会の中で組み合わされて、はじめて有用な労働になり、社会の総需要に適合する労働になる。⑥私達は個人であると同時に、依存しあう社会的人間であり、自然の一部として自然にも依存して生きている。⑦そのどれが欠けても人間生活はありえない。

（暉峻淑子《てるおかいつこ》『豊かさの条件』岩波新書、二〇〇三）

全体は、抽象↓具体↓抽象という展開になっている。

「抽象と具体の関係」から見ると、第二段落は二つに分けることができ、全体は、①②（第一段落）／③〜⑤（第二段落前半）／⑥⑦（第二段落後半）の三つの部分から成ると言える。①②と⑥⑦が抽象的叙述、中間の③〜⑤が具体的説明である。

抽象的叙述のなかでは①②よりも⑥⑦の方が抽象度が高い。ただし、右の文章をひとまとまりの統一体と見るとき、⑥の後半の「自然への依存」は、人間が他への依存なしには生きられないことを言うための付加的な論点であると言える。したがって、⑥の前半、「私達は個人であると同時に、依存しあう社会的人間である」を文章全体の「命題」と考えることができる。

この命題を具体化しているのが③〜⑤であり、③では言語、④では物の製造、⑤では労働の社会性が具体例として取り上げられている。もちろん、この三者についてさらに具体的に説明することも可能であるが、右の箇所ではそこまでの具体化は行なっていない。全体に抽象度の高い文章という印象を与えるのはこのためである。

これに対して、同じ著書の次の箇所では、抽象的見解が豊富な具体例によって裏付けられている。抽象的叙述は少なく、それを具体的に説明する段落が量的には大半を占めている。

①人間の歴史を振り返ってみれば、競争がなくても人間は生きられたが、共同の支えなしに人間は生きられなかった。②共同の世界とは、互助と協働の世界である。（第一段落）
③人間は共働する社会的動物である。④時代を遠くさかのぼり、生産力の低い時代になればなるほど、人は共同体の一員としてのみ生きることができた。⑤それは弱い個人が生きる唯一の方法だった。（第二段落）
⑥たとえば縄文、弥生時代をみても、獣の捕獲、竪穴式住居、周りに濠《ほり》をめぐらせた環濠《かんごう》集落、登呂遺跡の水田、高床式倉庫など、人々の協働なしには生存しえなかった社会がある。⑦古代社会の遣隋使や遣唐使に同伴した留学生や留学僧の往来によって、海外との間に文化的な互助がもたらされたことも否定できない。⑧そのとき、随および唐で研鑽をつんだ高向玄理《たかむこのくろまろ》や僧旻《みん》が大化の改新に際して国博士《くにはかせ》としてブレーンになったこともよく知られている。⑨租庸調の租は収穫高の一部を納めるものだったが、それは老人、飢乏人《きぼうにん》への施しや飢饉に備える共

同体的な役割という面ももっていた。⑩奈良時代には、孤児や病人を介護する施薬院《せやくいん》、悲田院《ひでんいん》もあった。（第三段落）

⑪共同体は救済事業にとどまらず、百姓達の生産と生活のための連帯と相互扶助を行なっていた。⑫保護・被保護の主従関係だけでない、耕作権をもつ百姓のイエ（生活と経営のための住居と財産、家族を中心とした人間集団）が階層差をもちながらも一〇〜一一世紀にみられるようになり、個々のイエの生産力を上げる灌漑などの協働労働や、生活に欠くことができない薪炭《しんたん》や材木、施肥《せひ》のための採草、狩り、果実の採取などが行なわれる村の共有地を自治的に運用した。⑬農民が住居をたてたり、田植えなどのときには「結《ゆ》い」という血縁近隣の相互の助け合いも行なわれていた。⑭これらの共同体的運営は生産力があがるにつれて小百姓も営農者として発言権をもち、村の生活のさまざまな取り決め——共有地の利用、用水の維持や開設、治安（盗みなど）、村の祭りや神田《かみた》、宮座《みやざ》、村の共同体の世話役のこと、年貢や夫役《ぶやく》への対応などが「寄り合い」「惣百姓《そうびゃくしょう》」「談合」「一味神水《いちみしんすい》」などの全員参加型で行なわれた。（第四段落）

⑮相互扶助は、あるときは不法な荘官の交代要求（惣百姓申状《もうしじょう》）ともなったし、年貢減免の一揆や徳政要求にもなった。⑯質入れした土地や品物、借金の帳消しを要求する徳政は、ある意味では社会保障の変形であったかもしれない。⑰そこには惣《そう》を基盤とした確固とした連帯関係、地域的連合があった。（第五段落）

⑱入会地《いりあいち》は江戸時代までつづき、徳川吉宗が病人や貧窮者のために一七二二年に小石川の伝通院《でんづういん》に開設した施薬院、小石川の薬園《やくえん》などは今日にうけつがれている。（第六段落）

⑲一瞥しただけでも、過去現在を問わず、個人的であれ、共同であれ、行政の施策としてであれ、社会を底辺で支えてきたものが相互扶助機能であったことが「事実のうえで」示されている。⑳もしそれがなかったら、社会は成り立たなかっただろう。（第七段落）

（同『豊かさの条件』）

全体の構成としては、冒頭（第一・第二段落）と末尾（第七段落）で「抽象的見解」が示され、それに挟まれた中間部分（第三～第六段落）が「具体例」になっている。この文章の場合も抽象→具体→抽象という展開である。

文章全体の命題は、冒頭の①②を重視すれば、「人間の歴史は、人間が互助と協働によって支え合いながら生きてきたことを示している」となるが、冒頭と末尾（①～⑤および⑲⑳）を縮約して、「人間は、その歴史が示すように、共同の支えがなければ生きられず、互助と協働という相互扶助機能が社会を底辺で支えてきた」とすることもできる。

冒頭の二つの段落は、内容も抽象度も同程度であるようにも見える。しかし、仔細に眺めると、第二段落には、④「生産力の低い時代になればなるほど」や⑤「弱い個人が生きる」などの第一段落にはない具体的な表現も見られ、この段落は第一段落よりもやや具体的であると言える。

この第二段落を削除して第一段落の直後に第三段落を持ってきても、抽象（第一段落）と具体（第三段落）の関係は無理なく成立する。しかし、例えば第二段落に④「生産力の低い時代になればなるほど」という表現があることによって、第三段落の⑥「縄文、弥生時代」（あるいは、⑥～⑩の古代社会全体）は、具体例としてより自然に受け入れられるものとなっている。

また、第一段落①の「人間」という抽象的な語句は、第二段落では⑤の「弱い個人」も含む人間へと具体化され、第三段落では、「弱い個人」が⑨「老人、飢乏人」、⑩「孤児や病人」という語句で具体化されている。ここには、段落の展開に伴うなだらかな具体化の進行が見られる。

このように、抽象と具体の関係は、大きく捉えることも細かく見ることもできる。分析にはほとんど際限がないが、詳しく述べるのはここまでにして以下は簡略な分析に留める。

第三～第六段落（⑥～⑱）は、すでに触れたように、抽象的見解の「具体例」であり、そこでは「互助と協働の歴史的事実」が具体的に示されている。このうち、第三段落は「古代」の具体例、第四～第六段落は「中世および近世」の具体例になっている。また、「互助」と「協働」は、⑥協働、⑦互助というように区別できる場合もあるが、協働はそれ自体が互助でもあり、⑫⑬などは両者が一体となった具体例と考えられる。また、具体例の記述の中にも抽象度の違いはあり、例えば第四段落では、⑪の抽象的見解を⑫～⑭の具体例が説明するという構造になっている。

小説における抽象と具体

小説の例としては、夏目漱石『こころ』（上「先生と私」第九回）の一節を取り上げてみたい。

小説の場合、抽象と具体の振幅は小さいが、漱石の作品では、それが鮮やかな起伏を見せている。

①私の知るかぎり先生と奥さんとは、仲のいい夫婦の一対であった。②家庭の一員として暮らしたことのない私のことだから、深い消息はむろんわからなかったけれども、座敷で私と対座している時、先生は何かのついでに、下女を呼ばないで、奥さんを呼ぶことがあった。③（奥さんの名は静《しず》といった）先生は「おい静」といつでも襖の方を振り向いた。④その呼びかたが私には優しく聞こえた。⑤返事をして出て来る奥さんの様子もはなはだ素直であった。⑥時たまごちそうになって、奥さんが席へ現われる場合などには、この関係がいっそう明らかに二人の間に描き出されるようであった。

⑦先生は時々奥さんをつれて、音楽会だの芝居だのに行った。⑧それから夫婦づれで一週間以内の旅行をしたことも、私の記憶によると、二、三度以上あった。⑨私は箱根からもらった絵はがきをまだ持っている。⑩日光へ行った時は紅葉《もみじ》の葉を一枚封じ込めた郵便ももらった。

⑪当時の私の目に映った先生と奥さんの間柄はまずこんなものであった。

（夏目漱石『こころ』角川文庫、二〇〇四）

右の叙述は、「私」から見た「先生と奥さん」の関係に限定されている。ここでは、夫婦というものの一般的な関係が語られているのでもなく、明治時代の家庭生活や趣味・行楽について一般的な考察が加えられているのでもない。書かれているのはあくまで「先生と奥さん」の関係という特殊な事柄に過ぎず、この文章には、評論に見られるような振れ幅の大きい「抽象と具体の関係」はない。

しかし、その一組の夫婦について語る叙述には、明らかな抽象と具体の使い分けが見て取れる。最も抽象度が高い文は①であり、これが全体の命題になっている。つまり、この文章が語るのは、「先生と奥さんとは、仲のいい夫婦の一対であった」ということに尽きる。②から⑩は、この命題の具体化である。この中では、②の後半から⑥までが最も抽象度の低い（＝一番具体的な）叙述になっており、⑦から⑩は、具体的叙述ではあるが、二人の振る舞いの具体性がやや乏しくなるので、中くらいの抽象度と考えられる。

最後の⑪は、「こんなもの」という指示語句が叙述の中核にある。「こんな」は普通の指示語であるが、「もの」は最高度の抽象語であり、「こんなもの」全体は抽象度の高い指示語と考えることができる。⑪はこの語句によって、②から⑩を抽象的な水準で受けとめている。同時に、⑪は①の命題の確認にもなっており、①と⑪は首尾対応してその間にある具体的叙述を包み込んでいる。

第五章　四つの構造の全体像

四構造の全体的な関係

本書が文章表現の原理と考えるのは以上の四つの構造であり、ここまでの四章でこれについての基本的な説明は一通り終了した。この段階で、それぞれの構造の要点を確認し、四構造全体の関係をまとめておきたい。

まず〈命題の構造〉であるが、ここで言う「命題」とは、文章全体の「言いたいこと」を一組の「題目＋叙述」の形で表現したものである。文の集合体はこの「命題」によって統一体としての文章になる。あるいは、文章の全体はこの「命題」に向かって収束すると言ってもよい。

文章がこのような意味での「命題」に収束することや、その「命題」によって全体が統一されることを、本書では文章表現の〈命題の構造〉と呼ぶ。この「命題」はそれぞれの文章が設定した「題目」についての命題であるため、「題目」と「命題」の作る大きな枠組みをその文章の〈命題の構造〉と考えることもできる。

この統一体としての文章を構成している要素は、言うまでもなく「語」や「文」である。文章が一つの統一体として成立する過程は、語や文が、無数の可能的な語や文の中から選ばれて、文章の構成要素として顕在化する過程でもある。

このとき、「選ばれて表現面に現れた語や文」は、「表現されなかった可能的な語や文」との間に潜在的な諸関係をもち、同時に、「表現面に現れた語や文」相互の間に顕在的な諸関係をもつことになる。

文章表現のもつこのような潜在・顕在両面の諸関係は、大別すれば三種類になる。すなわち、第一に、語や文などの表現が、互いに違うものとして関係し合う「対立の関係」、第二に、互いに同じないしは同じようなものとして関係し合う「類同の関係」、第三に、互いにさまざまな抽象度において関係し合う「抽象と具体の関係」であり、これらは、文章の構造としては、それぞれ〈対立の構造〉〈類同の構造〉〈抽象の構造〉と呼ぶことができる。

これらの四つの構造は、評論、小説、詩歌などの「文章の種類」の差異を超えてどの文章にも共通に見られる必須の構造である。つまり、すべての文章表現は、〈命題の構造〉に〈対立の構造〉〈類同の構造〉〈抽象の構造〉を加えた四つの構造から成り立っている。文章表現とは、これら四つの構造の組み合わせによってできる重層的な構造物であると言える。

文章例に見る四つの構造

これまでの文章例は、個別の〈構造〉を見るために取り上げたものであったが、ここでは、比較的短い評論を例にとって、これら四つの構造の全体像を概観してみたい。取り上げるのは、経済学者猪木武徳の「罪と罰」と題する文章（日本経済新聞、二〇〇四年六月一日掲載）である。

①どうすれば犯罪が少なくなるのかという議論で必ず登場するのは、「刑を重くすべきだ」という主張である。（第一段落）

②犯罪が心の病や社会的抑圧の結果であるという見方に対して、経済学には「犯罪者の行動も合理的だ」と考える学派が存在する。③法を犯すことから得られる個人的利益と、露見した場合に受ける刑罰のコストを比較考量して、人間は自己の行動を合理的に選択するというのである。（第二段落）

④こうした考えは、駐車違反や脱税、インサイダー取引などには妥当するかもしれない。⑤自由刑ではなく、罰金や科料などを、どのような犯罪にどれほど科すべきかを考える枠組みとして有用だろう。（第三段落）

⑥しかし厳罰主義に徹すれば、本当に犯罪は少なくなるのだろうか。（第四段落）

⑦西欧中世社会では罪人を捕まえることが難しかったので、捕まえた少数の罪人に対しては、きわめて重い刑罰を科していたようだ。⑧しかしそれで犯罪が減少したという証拠はない。⑨むしろ重い刑罰が、犯罪人を捕まえる意欲を阻喪させていた面があったと言われる。（第五段落）

⑩別の言い方をすれば、刑罰がそれほど重くなければ、訴えやすくなるということになる。⑪訴えられると有罪になる可能性があるから、人々の行動が慎重になり、穏やかな正義が実現

できるという面がある。（第六段落）

⑫近代ヨーロッパでは、政治裁判には刑事罰が伴ったため簡単には利用できなかった。⑬しかしアメリカでは政治裁判で有罪となっても「免職」となるだけで、政敵を葬るのに命まで奪う必要はなかったという。（第七段落）

⑭やはり刑罰には軽すぎず重すぎずという最適点があるようだ。（第八段落）

〈命題の構造〉

この文章の「題目」は、①に示されているように、「犯罪と刑罰」ないしは「刑罰の重さ」ということである。もう少し詳しく言うなら、「犯罪の抑止と刑罰の重さ」となる。

随想的な文章であれば、この題目から直ちに本文に移り、刑罰の重さに関して思い浮かぶことを割合自由に書いていくことになろう。しかし、評論や論説の場合には、題目から「問題」を作り、その「問題」について考察することが本論の内容となる。

この文章の場合、①から、「犯罪を少なくするためには刑を重くすればよいのだろうか」という疑問文形式の「問題」を作ることもできる。あるいは、①にはこのような「問題」が内在ないし潜在していると考えてもよい。そして、この「問題」は、⑥になると、改めて明瞭な疑問文の形をとって顕在化することになる。（この点については、次の第六章「提題化という作業」で詳しく述べることにする。）

そして、この「問題」に対する「解答」がこの文章全体の「命題」になる。それは、もちろん、

⑭の「刑罰には軽すぎず重すぎずという最適点がある」という箇所である。

文章全体はこの⑭の命題によって統一されており、これがこの文章の〈命題の構造〉となる。あるいは、①と⑥の「題目・問題」と⑭の「命題」がこの文章の大きな枠組みを作っており、この点をこの文章の〈命題の構造〉と考えることもできる。

「題目・問題」と「命題」によって挟まれた第二、第三段落、および第五〜第七段落では、「問題」についての考察がなされ、また、「命題」の論拠もそこに示されている。

〈対立の構造〉

この文章では、A「刑罰は重い方が犯罪は減る」（重罰肯定論）と、B「刑罰を重くしても犯罪は減らない」「刑罰は重くない方が犯罪は減る」（重罰否定論）が、〈対立の構造〉を形成している。

Aの重罰肯定論は、冒頭の①（第一段落）に現れる。続く第二・第三段落では、肯定論の根拠として③〈損得計算に基づく合理的選択としての犯罪〉という観点が紹介され、この観点から、限定的ではあるが重罰に一定の有用性のあることが述べられている。

これに対して、Bの重罰否定論は第五〜第七段落で説明されている。第五段落の「西欧中世社会の厳罰主義」、第六段落の「穏やかな正義の実現」、第七段落「政治裁判における重罰」は、いずれも「重罰否定論」を支える根拠となっている。

以上の点を段落相互の関係として見れば、「第二、第三段落」（重罰肯定論）と「第五〜第七段落」（重罰否定論）が「対立の関係」を構成していることになる。

また、もう少し細かく見ると、第二段落には、犯罪が起こる理由に関して、②「心の病や社会的抑圧」対②③「犯罪による損得の合理的計算」という二説の対立が見られる。また、第七段落では⑫近代ヨーロッパの事例と⑬アメリカの事例が対立関係にある。

〈類同の構造〉

前述のように、この文章で「問題」を提起しているのは第一段落①と第四段落⑥であり、この二つの文は、ほぼ同じ内容の問題提起である点で「類同関係」にあると言える。

また、「命題」については、明確な表現は⑭「やはり刑罰には軽すぎず重すぎずという最適点があるようだ」であるが、⑥はこの命題の方向で「問題」を提起しており、これを命題の予告的表現と解釈することもできる。このように解釈した場合には、⑥と⑭を「緩やかな類同関係」と見なすことも可能である。

途中の論述過程については、まず第二段落と第三段落が、厳罰肯定・厳罰容認の論拠を示すものとして類同関係にある。また、第五～第七段落は、どれも厳罰否定の論拠であり、この三つの段落も互いに類同関係にある。

すでに述べたように、「第二、第三段落」対「第五～第七段落」は「対立関係」を構成しているが、それぞれの対立項の内部は類同関係になっている。この「各対立項の内部は類同関係を成す」ということは、この文章に限らず、「対立」と「類同」に関して普遍的に言えることの一つである。(この点は、第七章「差異化と類同化」で改めて触れることにする。)

文のレベルでは、⑨に対して⑩はその言い換えであり、この二つの文は類同関係である。また、⑨と⑫は、重い刑罰が犯罪の抑止力になりにくいことを述べたもので、この二文も類同関係になる。反対に⑩と⑬は、刑罰の軽い場合の抑止効果を述べており、これも類同関係と言える。

句のレベルで見れば、⑥「犯罪は少なくなる」、⑧「犯罪が減少する」、⑪「穏やかな正義が実現できる」の三つは類同表現である。また、⑬「命まで奪う」は、①「刑を重くする」、⑥「厳罰主義に徹する」、⑦「重い刑罰を科す」、⑩「刑罰が重い」などの類同表現と言ってよい。

〈抽象の構造〉

「命題の構造」の骨格となる「題目・問題」の①と⑥、「結論となる命題」の⑭は、右の文章全体の中で最も抽象度の高い表現になっている。

これらによって挟まれた②〜⑤（第二、第三段落）および⑦〜⑬（第五〜第七段落）では、〈命題の構造〉で触れたように、「問題」についての考察と「命題」の論拠の提出がなされている。ここは全体として①⑥⑭より具体的であるが、その内部の表現にも、以下に検討するように、抽象度の違いが存在する。

まず、ここには、「問題」を考察する手掛かりとして次の三つの材料が取り上げられている。

A　合理的選択としての犯罪という考え方……②

B　西欧中世社会における厳罰主義……⑦

C　近代ヨーロッパとアメリカの政治裁判……⑫⑬

これらは、「犯罪と刑罰」という総論的な問題に対する各論的な考察と考えられるものであり、①⑥⑭に比べれば、抽象度は一、二段階低くなる。

これらの材料にはそれぞれ具体的な説明が伴っている。例えば、Aの場合には③④がその説明である。この部分は、材料そのものを示す②よりも抽象度が低い（＝より具体的である）。

こうした具体的説明の後、その材料に基づくこの段階での見解が述べられる。これは、⑭の結論を導くための一つの論拠になる。材料Aの場合は⑤がその見解になるが、これはまだAという各論内部での判断であり、抽象度は①よりは低く、②と同レベルと言える。

つまり、ここまでの所は、①→②→③→④という順で具体化が進み、④→⑤で抽象化に転じた、ということになる。

Bの場合、⑦は、「西欧中世社会における厳罰主義」という材料を提示するだけでなく、それに関する具体的な説明もこの一文の中に含んでいる。⑧もその具体的説明の続きである。⑨もまた⑧と同様の具体的説明と言えるだろう。このように、⑦〜⑨を具体的な歴史的事実として素直に読む場合、この箇所の抽象度はかなり低い（＝具体的である）ということになる。しかし、⑨からは「重い刑罰は必ずしも犯罪の抑止にはならない」という抽象論を読み取ることもできる。この場合、読み手が⑨の抽象度を自分で上げて読んだとも言えるが、⑨にはもともとそのような抽象論としての含みが潜在しているとも解釈できる。

〈類同の構造〉で述べたように、⑨と⑩は類同関係にあるが、⑩の方は「西欧中世社会」に限定されない一般論になっている。⑨を具体的事実の指摘と読む場合には、⑨→⑩の箇所で抽象度が上昇していると言える。次の⑪は⑩と同じ抽象度と見てよい。⑩⑪の内容は「軽い刑罰がかえって犯罪を抑止するとも考えられる」という見解を含意している。この⑩⑪に含まれている見解が、材料Bから導き得る結論と言える。この見解の抽象度は⑭のそれにかなり近い。

材料Cの⑫と⑬は、⑩⑪の具体的事例という扱いであり、その抽象度は⑦～⑨と同レベルである。ここで叙述の順序は⑩⑪→⑫⑬となっているが、もしこれが逆であったとすれば、⑫⑬の材料Cから、⑩⑪の見解が抽象されたという関係になる。

以上のように、一つの文章には、〈命題〉〈対立〉〈類同〉〈抽象〉の四構造が重なり合って存在している。このような重層的な構造こそ〈四つの構造〉の全体像と言ってよい。

ただし、ここで分析したのは主として顕在的な表現のもつ全体的な関係であり、潜在する内容については必要最小限の指摘をするに留めた。この後の章では、潜在的な関係も含めて、〈四つの構造〉の考察をもう一段階深めていく予定である。

第六章　提題化という作業

提題化と命題化

第一章〈命題の構造〉で述べたように、文の集合は、「題目と叙述」から成る「命題」によって、文章という統一体になる。このような文章を統一する「命題」を作ることを、本書では「命題化」と呼ぶことにする。

命題化の作業は、まず「題目」の設定から始まる。題目は、通常、名詞や名詞句によって表現される。例えば第一章で取り上げた例文の場合、題目はそれぞれ「木曾路」、「おれ（という人間）」、「俳句の切れ字」であった。この「題目」は、通常、「題目を含む文」の形で文章中に現れる。

また、「題目を含む文」は、評論や論説などの論理的文章の場合、それ自体が論じるべき「問題」を表していることも多い。論じるべき「問題」を示すことは、「問題提起」と呼ばれる。最も典型的な問題提起は疑問文によってなされる。

例えば、第五章の文章例「罪と罰」は、〈どうすれば犯罪が少なくなるのかという議論で必ず登場するのは、「刑を重くすべきだ」という主張である。〉という文で始まっていた。ここから、すでに述べたように、「犯罪と刑罰」や「刑罰の重さ」という「題目」を取り出すことができる。また、この文は、このままで「問題」を提起している一文と考えてもよい。しかし、第五章で示したように、ここから「犯罪を少なくするためには刑を重くすればよいのだろうか」という疑問文を導くことで、この文章の「問題」は一層明瞭な表現をもつことになる。

さて、本書では、以上に述べた「題目の設定」と「問題の提起」をどちらも「提題化」と呼ぶことにする。すなわち、「題目」を名詞や名詞句の形で示すことも「提題化」であり、「問題」を平叙文や疑問文などの形で示すことも「提題化」と考える。

この二種類の「提題化」は、右に示したように、相互に変換が可能である。名詞的表現の「題目」から疑問文を作ればそれが「問題」になり、また、逆に、平叙文や疑問文で書かれた「問題」からその中心となる語句を取り出せばそれが「題目」となる。

以上のような「提題化」と「命題化」という二段階の作業によって〈命題の構造〉は作られる。

提題化の重要性

文章の書き方の解説書には、「提題化」の重要性に触れているものが多い。ただし、用語については一定せず、「題目」「問題」のほかに「話題」「主題」ということばも使われている。ここでは、二つの解説書によって「提題化」の重要性を確認しておきたい。

まず、木下是雄《これお》『理科系の作文技術』では、理科系の「仕事の文書」を書く心得として、「主題」

の選定の重要さを次のように強調している。

仕事の文書では、主題——その文書で主として何を叙述するのか、何を論じるのか——が、その文書を書く人の意志、または書かせようとしている人の意向によって確定している場合もある。／しかし、たとえば「生物科学の将来」という展望の執筆を求められたとすると、最初に問題になるのは、この一般的な課題の中で何を取り扱うか——主題として何をえらぶか——である。有意義なものを書けるかどうかは、第一に主題の選定によってきまるといってもよかろう。

（木下是雄『理科系の作文技術』中公新書、一九八一）

また、研究論文の分かりやすいまとめ方を説いた澤田昭夫『論文のレトリック』では、「よい論文の条件」を次のように説明する。（文中の「主問」は主要な問題、「副問」とは主問から分かれた副次的な問題を指している。）

よい論文は統一、連関、展開において優れた論文、あるいは明確性において優れた論文だといわれます。（中略）

明確さというのは主問、副問がはっきりしている、なにが問題かはっきりしているということです。主問がはっきりしておれば副問間のつながりもよくわかります。論文が明快だというのは、論文の肉づけ展開部分のすべては主問、副問を解く答の支えとなっており、問と直接間接に関係のない余計な筋や脂《あぶら》や贅肉《ぜいにく》がないということです。こうなると問と答、序と結論が、相互にアウンの呼吸で結ばれ、首尾一貫した明確、明快な論文が生まれます。

（澤田昭夫『論文のレトリック』講談社学術文庫、一九八三）

これらは文章を書く場合の心得であるが、文章を読む場合にも、最初にすべき作業は、文章中から「題目」や「問題」を読み取ることである。その手掛かりはいくつかある。

まず、「題目」が文章の「題名」によって表現されていることもある。しかし、その題名が文章全体の題目であるかどうかは、残念ながら、本文を読んでみなければ分からない。

評論などの場合、すでに述べたように、「問題」が最初から疑問文で示されることもある。これは読者にとっては大変ありがたいが、疑問文が必ず文章全体の問題を示しているとは限らない。また、ある程度叙述が進行した後で、ようやく問題提起の疑問文が姿を見せることもある。

また、興味深い「例話」から文章が始まり、その例話の中に「問題」が潜んでいることもある。「問題」は例話を抽象することによって取り出すことができるが、その作業が読者（や聞き手）に委ねられていることもある。

このように、文章表現の中から「題目」や「問題」を的確に読み取ることは、簡単そうに見えて意外に難しい作業となる。また、例話からの「問題」の抽象に限らず、読者や聞き手が自ら「提題化」を行なうべき場合も少なくない。

この後は、二つの文章例を取り上げて、こうした提題化の実際を検討してみたい。

疑問文による提題化

最初に掲げるのは福沢諭吉の『学問のすゝめ』である。福沢は、漢文の素養とオランダ語・英語の習得によって、論理的で分かりやすい文章の書き方を身につけていた。以下の文章においても、疑問文によって明確な提題化がなされている。

①「天は人の上に人を造らず人の下に人を造らず」といえり。②されば天より人を生ずるには、万人は万人みな同じ位にして、生まれながら貴賤上下の差別なく、万物の霊たる身と心との働きをもって天地の間にあるよろずの物を資《と》り、もって衣食住の用を達し、自由自在、互いに人の妨げをなさずしておのおの安楽にこの世を渡らしめたもうの趣意なり。③されども今広くこの人間世界を見渡すに、かしこき人あり、おろかなる人あり、貧しきもあり、富めるもあり、貴人もあり、下人《げにん》もありて、そのありさま雲と泥との相違あるに似たるは何ぞや。④その次第はなはだ明らかなり。⑤『実語教《じつごきょう》』に、「人学ばざれば智なし、智なき者は愚人なり」とあり。⑥されば賢人と愚人との別は、学ぶと学ばざるとによりて出来《いでく》るものなり。⑦また世の中にむずかしき仕事もあり、やすき仕事もあり。⑧そのむずかしき仕事をする者を身分重き人と名づけ、やすき仕事をする者を身分軽き人という。⑨すべて心を用い心配する仕事はむずかしくして、手足を用うる力役《りきえき》はやすし。⑩ゆえに医者、学者、政府の役人、または大なる商売をする

町人、あまたの奉公人を召し使う大百姓《おおびゃくしょう》などは、身分重くして貴き者というべし。⑪身分重くして貴ければおのずからその家も富んで、下々の者より見れば及ぶべからざるようなれども、その本を尋ぬればただその人に学問の力あるとなきとによりてその相違も出来《いでき》たるのみにて、天より定めたる約束にあらず。⑫ことわざにいわく、「天は富貴を人に与えずしてこれをその人の働きに与うるものなり」と。⑬されば前にもいえる通り、人は生まれながらにして貴賤貧富の別なし。⑭ただ学問を勤めて物事をよく知る者は貴人となり富人となり、無学なる者は貧人となり下人となるなり。

（福沢諭吉『学問のすゝめ 初編』一八七二／講談社文庫、一九七二）

冒頭の一文は名句として人口に膾炙しているが、福沢自身の主張はその点にはなかった。

①②にあるように、確かに天は人間を平等に作ったが、それにもかかわらず現実の人間には賢愚、貧富、貴賤の別がある。③はこの現実を指摘して、「それはなぜか」と問う。この③の疑問文が、この文章における「提題化」である。つまり、「平等に生まれついた人間が現実に不平等であるのはなぜか」という問いが、『学問のすゝめ』の出発点をなす「問題」であった。

右の文章はこの問題に解答を与えるために書かれている。解答は最初に、⑥「賢愚の差は学ぶと学ばざるとの差である」という形で示され、⑪では「貴賤、貧富も学問の差による」と述べられている。こうした段階を経て最終的に出された解答が⑬⑭であり、この内容を問題③によって補整すれば、「人間の賢愚・貴賤・貧富の別は学問の有無による」という文章全体の簡潔な「命題」が得られる。

読者が行なう提題化

次の文章は、加藤周一「日本文化の雑種性」(一九五五年発表)の冒頭部分である。この箇所はかなり叙述が入り組んでおり、正しく理解するには読者が自ら提題化を行なう必要がある。

①私は西洋見物の途中で日本文化のことを考え、日本人は西洋のことを研究するよりも日本のことを研究し、その研究から仕事をすすめていったほうが学問芸術の上で生産的になるだろうと考えた。②また日本に昔あった文化、現在日本のいたるところに転《ころが》っている問題は、西洋の文化や問題よりもつまらないものではなく、却っておもしろい点がある、その点に注意しその点を発展させてゆかなかったのは、それにはそれ相応の理由があるとしても、少くとも私自身の場合には怠慢であったと考えた。③私はこれからその怠慢をとりもどす仕事をはじめるつもりだ。④昔の日本、また今の日本のどこがどうおもしろいかという具体的な内容は、その仕事の途中で少しずつはっきりしてくるはずである。⑤ここで抽象的な原則論をふりまわしてみてもはじまらない。(第一段落)

⑥しかし西洋見物から日本へかえってきたときに私の考えは原則の上でも少し変った。⑦綿密にいえば、原則は変らなかったが、日本文化の問題という一般的な面で西洋見物の途中で考えていたことと、かえってから考えたこととの間に、いくらか内容のずれが生じた。⑧そのず

れは、日本人は日本人の立場にたたなければならぬという原則、つまり日本の西洋化を目標にして仕事をしても日本の問題は決して片づくまいという私の考えの原則をたてた上で、それでは日本人の立場とは何かというその内容に係《かかわ》っている。⑨西洋見物の途中で私はその内容を西洋の影響のない日本的なものという風に考えた。⑩そう考えたのは西洋の影響が技術的な面を除けば精神の上でも文化の上でもいたって表面的な浅ぱくなものにとどまっていると考えたからである。（第二段落）

（加藤周一『雑種文化』講談社文庫、一九七四）

全体の「題目」は、①の「日本文化」ないしは⑦の「日本文化の問題」である。

第一段落には、西洋滞在中に生じた「日本人は西洋のことよりも日本のことを研究すべきだ」という反省が語られている。しかし、この段階では、論述の方向はまだよく分からない。

第二段落には、「帰国後の考察」が述べられている。右の反省は、⑧の前半では、「日本人は、西洋化を目標にするのではなく、日本人の立場にたたなければならぬ」という「考えの原則」になる。この「原則」が示された後、⑧の後半に至って論述の方向はようやくはっきりする。

すなわち、⑧の後半には「日本人の立場とは何か」という疑問文が含まれているが、これが文章全体の提題化の鍵になる。最初の「題目」とこの疑問文を結び付けることで、この文章全体の「問題」を取り出すこと（つまり、提題化）ができる。それは、「日本文化の問題にとって、日本人の立場とは何か」という形になるだろう。

しかし、この文章の場合、提題化はこれで完了するわけではない。右の「問題」に関して、筆者は⑦で、西洋から日本に帰ってきたときに、考えのずれが生じたと書いている。したがって、右の問題を「主問」とすれば、さらにその「副問」として、次の二つの問いを立てる（＝提題化する）ことができる。

ａ「日本人の立場について、筆者は西洋見物の途中ではどのように考えていたのか」

ｂ「日本人の立場について、日本へ帰ってきたとき筆者の考えはどう変化したのか」

副問ａに対しては、直後に⑨「西洋見物の途中で私はその内容を西洋の影響のない日本的なものという風に考えた」という解答が示されている。一方、副問ｂについては引用文の範囲に答えはない。読者は、この問いの答えを求めてこれより後の箇所を読み進めることになる。

このように、文中に明瞭な提題化がない場合、読者は、文中の表現から疑問文を作り、「問題」を顕在化させる必要がある。このような「提題化」は、文章を正確に読み取る上で極めて重要な作業となる。

第七章　差異化と類同化

差異と類同の隣接する関係

第三章〈類同の構造〉で述べたように、あるものを他と「違うもの」と見なして区別することを「差異化」と言い、二つ以上のものを「同じもの・同じようなもの」と見なして一括りにすることを、本書では「類同化」と呼ぶ。二つのものごとが差異化されて互いに「違うもの」として関係することが「対立」であり、二つのものごとが類同化されて広い意味で「同じもの」として関係することが「類同」である。

このように「差異化」と「類同化」は正反対の概念であるが、一方では、この二つは隣り合う概念ないしは表裏を成す概念と言うこともできる。特に「言語の発生」や「言語の習得」においては、「差異化」と「類同化」は、同一現象の二つの側面として同時に起こると考えられる。

同様に、「対立」と「類同」も正反対の概念でありながら、同じ対象の間にこの二つの関係を同時に認めることもできる。

本章では、このような「差異化と類同化の同時性」や「対立と類同の共在」という現象を順に取り上げて検討してみたい。

言語の発生と差異化・類同化

言語の発生時において、人間は、言語以前の世界（＝言語外現実）に観念上の境目を入れて（＝その世界を分節して）これを差異化し、相互に差異化されたそれぞれが個々のことばとして成立したと考えられる。例えば、言語以前の「動物群」に境目を入れてそのある部分を「犬」と呼ぶ場合、「犬」は、例えば「狼」「猪」「狐」「狸」などとの対立関係によって、「狼・猪・狐・狸などではないもの＝犬」として認識される。

ことばの成立に関してもう一つ重要なことは、こうした分節の仕方（＝世界のどこに区切りを入れるか）は、言語によって異なるということである。

このようなことばの成り立ち方について、丸山圭三郎は、スイスの言語学者ソシュール（一八五七～一九一三）の説に基づいて次のように述べている。

言葉は、それが話されている社会にのみ共通な、経験の固有な概念化なのです。もちろん、どのような言語を用いるにせよ、それぞれの言語によって分節される概念以前の現実が、言語の相違と関係なく、もともと同一の存在であることは疑えません。ただ、私たちがこの言語外現実を把握し、私たちを取り巻いている世界を区切り、グループ別に分け、カテゴリー化するのは、言語を通してである、ということなのです。

言葉以前の現実は混沌とした連続体であって、私たちは自国語の意味体系のおかげで、この連続体の適当な個所個所に境界線を画すことができます。ところが、言語によって意味体系が異なるのですから、言語が変われば区切り方も変ってくるのは、当然でしょう。

たとえば、「木」とか「植物」とか「動物」という一般的な、しかも抽象的な性格をもつ単語が一切存在しない言語はたくさんあります。そうした言語には、木や植物の個々の名称、たとえば「松」「桜」「杉」といった語はあるのですが、「木」という概念がないために、それらをひとまとめにしてカテゴリー化することができません。

またある言語では、「年上」か「年下」かを同時に示さない「息子」という語が存在しません。不思議に思われるかも知れませんが、日本語でも、「年上」か「年下」かを同時に示さない男の兄弟を表す語が存在しないことを思いあわせてください。

（丸山圭三郎『言葉とは何か』一九九四／ちくま学芸文庫、二〇〇八）

「世界を区切り、グループ別に分け、カテゴリー化する」過程は、「連続体の適当な個所個所に境界線を画す」点に着目すれば、「差異化」の過程と見ることができる。言語は、世界の差異化とともに成立するのである。そして、どこに境目を入れるかは、言語によって異なり得る。

しかし、この過程のうちの「世界をグループ別に分け、カテゴリー化する」点に着目すれば、それは「類同化」の過程と言うことができる。境目を入れられたそれぞれの内側の内容は「同じもの」

と見なされるのである。

言語によって世界の切り取り方が異なることは、よく「虹の色」を例にとって説明される。『言葉とは何か』の別の箇所には、日本語では、虹を赤・橙・黄・緑・青・藍・紫の七色と見るのに対して、英語では六色（red, orange, yellow, green, blue, purple）に区切り、日本語を母語とする者が青と藍に区別する部分を英語文化圏では blue の一色と見ていることが説明されている。

しかし、それだけでなく、この虹の例は、「差異化」と「類同化」が同時に行なわれることを示すものでもある。

言うまでもなく、虹の色は赤系統の色から紫系統の色へと少しずつ色合いを変えているのであって、例えば、緑と見なしている部分には、黄色に近い緑から青に近い緑へと移る微妙な色の差異がある。しかし、日本語で緑を黄色と青のそれぞれから「差異化」するとき、間の緑は、微妙な色合いの違いを超えて緑一色に「類同化」されるのである。

このように、「どこで差異化するか」という違いは「どの部分を類同化するか」の違いでもあり、言語の発生時における「差異化」と「類同化」は、同時に行なわれる作用の二つの面であると考えられる。

言語の習得と差異化・類同化

右のような「差異化」と「類同化」の同時発生は、言語の習得過程においても観察できる。

中原中也は、長男文也《ふみや》を満二歳で亡くした後、一歳半頃の様子を回想して「また来ん春……」という詩を作っている。

また来ん春と人は云ふ
しかし私は辛いのだ
春が来たつて何になろ
あの子が返つて来るぢやない

おもへば今年の五月には
おまへを抱いて動物園
象を見せても猫《にやあ》といひ
鳥を見せても猫《にやあ》だつた

最後にみせた鹿だけは
角によつぽど惹《ひ》かれてか
何とも云はず　眺めてた

ほんにおまへもあの時は
此《こ》の世の光のたゞ中に
立つて眺めてゐたつけが……

（佐々木幹郎編『在りし日の歌　中原中也詩集』角川文庫、一九九七）

言語習得の最初期にあった幼児には、象も鳥も猫も意識の中で「類同化」され、「にやあ」と呼ぶ対象と見えた。象を猫と間違えたり、鳥を猫と思ったりしたわけではない。象も鳥も猫も「同じもの・同じようなもの」と意識されたのである。言い換えれば、象と鳥と猫はまだ「差異化」されていなかった。

一方、角のある鹿だけは「にゃあ」の中に「類同化」することができなかった。そのため、鹿は、「名付け得ぬもの」として意識のなかをしばらく浮遊したもようである。幼児の頭のなかでは、「にゃあ」と「名付け得ぬもの」の二つが「差異化」されていたと考えられる。

言語習得のこの先には、その名付け得ぬものには「鹿」という名が結び付き、象・鳥・猫は互いに「差異化」されてそれぞれの呼称をもつ、という過程がある。その過程は永遠に失われてしまったが、詩人は、しかし、そのことを嘆いているわけではない。詩人の哀惜の念は、只々幼い我が子そのものを失ったことに向けられている。そして、その幼子《おさなご》は、独自の類同と差異の世界をもった存在として記憶されたのである。

対立と類同の共在

語と語の関係を語義の面から捉えたものとして、「対義語《たいぎご》(反意語・反対語)」や「同義語」「類義語」ということばがある。これらは、一般に次のように説明されている。

対義語については、例えば、「上」と「下」、「長い」と「短い」、「積極」と「消極」など、語義が正反対であるものが厳密な意味での対義語と考えられている。また、「春」と「秋」、「山」と「川」、「赤」と「白」など、語義が対比的な関係にあるものは広義の対義語とされている。

一方、同義語・類義語については、例えば「登山」と「山登り」、「本」と「書物」など、同じ意味を表すものが同義語、「美しい」と「きれい」、「両親」と「父母」など、類似する意味をもつものは類義語とされている。

先に述べたように、「差異化」と「類同化」は正反対の概念でありながら隣接する概念でもあると言えるが、この「対義語」と「類義語」にも同様の関係を見いだすことができる。

例えば、右に挙げた対義語の場合、各組の語は意味的に対立するだけでなく、意味の基礎的な部分において共通の土台をもっている。すなわち、「上・下」には、「垂直方向の位置関係を表す」という共通の意味が含まれる。また、「長い・短い」はどちらも「長さの相対的な表現」であり、「積極・消極」は「物事に取り組む姿勢・態度を表す」点で共通している。

このように、「上・下」、「長い・短い」、「積極・消極」はそれぞれ共通の意味によって「類同化」されており、対義語という関係は、その類同関係の内部を「差異化」することで生じたと考えられる。つまり、対義語となる二語は、対立関係の前提として、ことばの基底の意味を共有している。この点に注目すれば、対義語は類義語の一種と考えることもできる。

次の文章は『枕草子』に付された解説の一部であるが、ここにも対立関係（対義性）が類同関係（類義性）の基盤の上に成り立つことが示されている。

『源氏物語』の登場人物がよく「泣く」のに対して、『枕草子』の人物はよく笑う。使用度数は、数をかぞえて見ればすぐわかることで、「泣く」に対して「笑ふ」が十倍を越す優位を占める。六八段には「たとしへなきもの」の一つとして

人の笑ふと腹だつと。

というのさえある。普通なら「笑ふ」と対置されるのは「泣く」であろう。だが清少納言においては、持続的情緒ではない点で「腹立つ」が「笑ふ」と一組となり、陰と陽との対立において対置されるのである。（『新日本古典文学大系25 枕草子』渡辺実校注・解説、岩波書店、一九九一）

「たとしへなきもの」とは、違いすぎて比べようのないもの、つまり、正反対のものを意味する。「笑ふ」と「腹立つ」は、清少納言が完全な対立関係にあると見なした二語である。右の解説文は、この二語が「持続的情緒ではない点」で類同関係にあり、その類同性に基づいて対立関係が成立していることを指摘している。

このような「差異化・対立関係」と「類同化・類同関係」の共在は、対義語・類義語に限らず、ことば一般についてもこれを指摘できる。つまり、一般に、任意の二語が「対立関係」にある場合、その二語は同時に「類同関係」にもあると言える。

例えば、「猫」と「犬」の場合、動物学上、一方は哺乳類食肉目ネコ科、他方は哺乳類食肉目イヌ科に分類されている。この分類では、「哺乳類食肉目」の点で両者は類同化されており、「ネコ科」「イヌ科」の段階で差異化がなされている。日常的なレベルで言えば、人間に最も身近な動物でペットとして飼われることが多いと考えれば、両者は類同関係になり、一方はネズミを捕り、他方は家の番をするとなれば（やや発想が古いが）、猫と犬は対立関係に置かれる。

文章表現においても、猫と犬は、文脈によって対立・類同のどちらの関係にもなり得る。これは、もちろん、猫と犬に限ったことではない。一般に、ある二つの対象は、相違点を問題にする文脈に置かれれば対立関係になり、共通点に注目する文脈では類同関係になる。

短歌に見る対立と類同の複合

最後に、対立と類同の複合する文章例として、短歌を一首取り上げてみたい。与謝野晶子の遺歌集『白桜集』(一九四二年刊)に収められているものである。

筆硯煙草《ふですずりたばこ》を子等《こら》は棺《かん》に入《い》る名のりがたかり我れを愛《め》できと

(『日本の詩歌4　与謝野晶子他』中公文庫、一九七五)

夫の与謝野鉄幹が亡くなったときの歌である。

最初の「筆」「硯」「煙草」の三つは、「類同化」されて「遺品」となっている。「子等」の行為はそれらを棺の中に入れることによって終了し、上の句の表現も三句で切れて完結したかに見える。しかし、下の句が詠まれたとき、上の句の内容は、「我れ」との間に次のような二重の「差異化」を引き起こすことになる。

一つは「子等」と「我れ」との差異化である。「子等」と「我れ」は同じ「遺族」として類同化されるが、その間に作者は埋めがたい差異(対立関係)を感じている。それは、言うまでもなく与謝野鉄幹という人との関係の差異、一方は父に対する子であり、他方は夫に対する妻であるという差異であった。

そして、その関係の差異は、歌に潜在する「遺品」ということばによって、もう一つの差異化を生む。故人が生前愛でたものを「遺品」と言うなら、この「我れ」こそが最大の遺品ではないのか。ここにおいて、上の句の「筆硯煙草」と下の句の「我れ」は、ともに「遺品」という点で類同化されながら、しかし、質的には全く異なるものとして二つ目の対立関係を作る。「子等」にとっては「筆硯煙草」が遺品であり、「我れ」にとっては「我れ」自身が遺品であった。

しかし、下の句との間にこうした対立関係を作るだけで上の句の役割が終わるわけではない。多分そうではないだろう。「我れ」は、自分こそが遺品であるという「名のり難い思い」を抱いて、「遺品」が棺の中に入れられる様子を我が事として見るであろう。その思いは、「筆硯煙草」と「我れ」を質的差異を保ったまま再び類同化し、「我れ」を「筆硯煙草」と同様に棺の中の鉄幹に寄り添わせることになるだろう。

このようにして、複合する差異化と類同化は、上の句と下の句の間に交響的な関係を作り出し、歌一首に密やかで哀切な余韻を与えることになる。

第八章　対立表現の諸相

さまざまな対立表現

第二章（および第七章）で述べたように、あるものを他のものと「違うもの」として区別することを「差異化」と言い、差異化されたあるものと他のものとの関係を「対立関係」と言う。

文章表現における対立関係には、対立項が表現の表に出ている顕在的な対立と、対立項の少なくとも一方が表現の裏側に隠れている潜在的な対立とがある。文章表現がこのような対立関係から成り立っていることを、本書では、文章表現の〈対立の構造〉と呼んでいる。

〈対立の構造〉は文章表現にとって必須の構造であり、実際の文章にはさまざまな種類の対立表現を見いだすことができる。その中には、「逆説」「アイロニー」「弁証法」など特定の表現形式をもつものもある。また、表現行為における究極の対立関係は、表現と沈黙の関係であるとも言える。このような「逆説」「アイロニー」「弁証法」および「沈黙」は、〈対立の構造〉の応用として、本書の第二部で取り上げることにする。

この章では、特定の表現形式を取らない一般の対立表現について考察する。すでに第二章では、一つの文章例（寺田寅彦「文章と科学」）を取り上げて顕在的な対立関係について分析した。この章では、潜在する対立関係も含めて、さまざまな対立表現の世界を取り上げてみたい。

顕在的対立と潜在的対立

小学校に入学した子どもは、そこで初めて「図画工作の時間」を迎える。以下に掲げるものは、長年彫刻や絵画について考えてきた人が、その小学一年生に語りかけたことばである。

①ずがこうさくの　じかんは、じょうずに　えを　かいたり　じょうずに　ものを　つくったり　する　ことが　めあてでは　ありません。
②きみの　めで　みた　ことや、きみの　あたまで　かんがえた　ことを、きみの　てで　かいたり　つくったり　しなさい。
③こころを　こめて　つくって　いく　あいだに　しぜんが　どんなに　すばらしいか、どんな　ひとに　なるのが　たいせつか、と　いう　ことが　わかって　くるでしょう。
④これが　めあてです。

（佐藤忠良、安野光雅他企画編集『子どもの美術1（一九八一年版）』現代美術社、一九八〇）

この文章の「題目」は「図画工作の時間のめあて」である。これは、①と④から分かる。

①では、上手にかくこと、上手に作ることが「めあて」ではない、としている。

②③④では、自分の目で見たこと・自分の頭で考えたことを自分の手でかいたり作ったりすることと、それを心をこめて行なう間に、自然の素晴らしさやどんな人になるのが大切かということが分かってくる、そのことが「めあて」なのだと、きっぱりと心に染み入るように語っている。

最初の「題目」にこの②③④を合わせるとこの文章の「命題」ができる。これは、これ以上短く要約しようとしてもできない、そういう文章である。

この文章では、①で否定されている内容と②③④が顕在的な「対立関係」を構成している。

しかし、それだけではない。この文章は、これ以上要約できない、大事なことだけを述べた文章であり、したがって、そのために、削ぎ落とした多くの内容を背後にもっていると考えられる。

筆者は、小学校に入って初めて「ずがこうさくのじかん」を迎える子どもたちに、創造活動の長い経験を積んだ人間として、その「めあて」を語ることを選んだ。例えば、自分の彫刻や絵画制作の経験、その苦心と喜びを語ることもできたであろう。あるいは、一、二点の美術作品を紹介しながら授業への導入を行なうこともできたに違いない。しかし、そうしたやり方を取らずに、図画工作の目的をまっすぐに語ることを、筆者は選んだのである。

おそらく、このような、書かれなかった事柄と書かれた事柄との「対立関係」が、この文章には潜在している。これは、この文章の第二の対立関係である。

さらに、表現されなかったことの内部にも「対立関係」の可能性はある。

筆者が最初に①で「上手にかくこと、上手に作ること」が目的ではないと語ったとき、そのことばには、あるいは、若き日に経験したそうした価値観との「対立」（対決）が潜在していたのかもしれない。あるいは、上手にかけないで苦しむ子どもと、上手にかいて褒められる子どもが、筆者の目にはあり得る「対立」としてあらかじめ見えていたのかもしれない。もし、こうした想像が許されるなら、ここに見られる「対立」はこの文章の第三の対立関係と考えることができる。

この短い文章には、右のような第二、第三の「対立関係」を想像させる力がある。最初の①文は「上手でなくていいいんだよ」と語っている。この語りかけは、こうした潜在的な対立関係に想像が及ぶとき、ますます強い励ましのことばとなるように思われる。

常識的見解の差異化

評論・論説などの場合、〈対立の構造〉は、しばしば「常識的見解」対「論者の主張」という二項対立の形式をとる。書くに値し、読むに値する文章であれば、多かれ少なかれ常識に反した部分をもっている。論者は、常識を否定ないしは批判して自説を主張する。

このような場合、常識的見解を独立して示さず、論者の主張の文脈に入れて、その文脈内で否定することもある。次の文章はそうした構造をとっている。

①構造主義というのは、ひとことで言ってしまえば、次のような考え方のことです。
②私たちはつねにある時代、ある地域、ある社会集団に属しており、その条件が私たちのも

のの見方、感じ方、考え方を基本的なところで決定している。③だから、私たちは自分が思っているほど、自由に、あるいは主体的にものを見ているわけではない。④むしろ私たちは、ほとんどの場合、自分の属する社会集団が受け容れたものだけを選択的に「見せられ」「感じさせられ」「考えさせられている」。⑤そして自分の属する社会集団が無意識的に排除してしまったものは、そもそも私たちの視界に入ることなく、それゆえ、私たちの感受性に触れることも、私たちの思索の主題となることもない。

⑥私たちは自分では判断や行動の「自律的な主体」であると信じているけれども、実は、その自由や自律性はかなり限定的なものである、という事実を徹底的に掘り下げたことが構造主義という方法の功績なのです。（内田樹《たつる》『寝ながら学べる構造主義』文春新書、二〇〇二）

「題目」は、構造主義。「問題」は、構造主義とは何か、である。

私たちのものの見方は、基本的には属する社会集団の条件によって決定されている。そう考えるのが構造主義である。――これが問題に対する解答（＝文章全体の「命題」）となる。

「常識的見解」は、二箇所、③と⑥の文中にある。

③私たちは自由に、あるいは主体的にものを見ている。

⑥私たちは判断や行動の「自律的な主体」である。

この二つは同じことを述べた類同関係の文であるが、筆者はこれを自分の文脈に取り込んで否定している。このような常識的見解を筆者の文脈から「差異化」することは、評論や論説を正確に読むための基本的な作業となる。

対立関係の変化

次は小説である。小説の場合、対立関係はまず登場人物の関係として設定される。例えば、芥川龍之介「羅生門」の下人と老婆、夏目漱石『こころ』の先生とKのように。そして、人物の対立関係は、行動や心理の対立として顕在化し、たいていはある出来事（事件）を機に決定的な段階を迎える。小説の読みどころは、こうした対立関係の変化にあると言ってもよい。

次に示すのは、太宰治「富嶽百景」のよく知られた場面である。この作品にはそれほど劇的な展開はないが、以下の場面では重要な対立関係の変化が見られる。

①ことさらに、月見草を選んだわけは、富士には月見草がよく似合うと、思い込んだ事情があったからである。②御坂峠のその茶店は、いわば山中の一軒家であるから、郵便物は、配達されない。③峠の頂上から、バスで三十分ほどゆられて峠のふもと、河口湖畔の、河口村という文字どおりの寒村にたどり着くのであるが、その河口村の郵便局に、私あての郵便物が留め置かれて、私は三日に一度くらいのわりで、その郵便物を受け取りに出かけなければならない。④天気の良い日を選んで行く。⑤ここのバスの女車掌は、遊覧客のために、格別風景の説明をしてくれない。⑥それでもときどき、思い出したように、はなはだ散文的な口調で、あれが三

つ峠、向こうが河口湖、わかさぎという魚がいます、など、物憂そうな、つぶやきに似た説明をして聞かせることもある。

⑦河口局から郵便物を受け取り、またバスにゆられて峠の茶屋に引き返す途中、私のすぐとなりに、濃い茶色の被布《ひふ》を着た青白い端正の顔の、六十歳くらい、私の母とよく似た老婆がしゃんとすわっていて、女車掌が、思い出したように、みなさん、きょうは富士がよく見えますね、と説明ともつかず、また自分ひとりの詠嘆ともつかぬ言葉を、突然言い出して、リュックサックしょった若いサラリイマンや、大きい日本髪ゆって、口もとをだいじにハンケチでおおいかくし、絹物まとった芸者ふうの女など、からだをねじ曲げ、いっせいに車窓から首を出して、いまさらのごとく、その変哲もない三角の山をながめては、やあ、とか、まあ、とか間抜けた嘆声を発して、車内はひとしきり、ざわめいた。⑧けれども、私のとなりの御隠居は、胸に深い憂悶でもあるのか、他の遊覧客とちがって、富士には一瞥も与えず、かえって富士と反対側の、山路に沿った断崖をじっと見つめて、私にはそのさまが、からだがしびれるほど快く感ぜられ、私もまた、富士なんか、あんな俗な山、見たくもないという、高尚な虚無の心を、その老婆に見せてやりたく思って、あなたのお苦しみ、わびしさ、みなよくわかる、と頼まれもせぬのに、共鳴のそぶりを見せてあげたく、老婆に甘えかかるように、そっとすり寄って、老婆とおなじ姿勢で、ぼんやり崖の方を、ながめてやった。

⑨老婆も何かしら、私に安心していたところがあったのだろう、ぼんやりひとこと、

「おや、月見草。」

⑩そう言って、細い指でもって、路傍の一か所をゆびさした。⑪さっと、バスは過ぎてゆき、私の目には、いま、ちらとひとめ見た黄金色の月見草の花ひとつ、花弁もあざやかに消えず残った。

⑫三七七八メートルの富士の山と、立派に相対峙《あいたいじ》し、みじんもゆるがず、なんと言うのか、金剛力草とでも言いたいくらい、けなげにすっくと立っていたあの月見草は、よかった。⑬富士には、月見草がよく似合う。

（太宰治『富嶽百景・走れメロス』岩波文庫、一九六八）

場面の導入部（①〜⑥）は、反復される日常の光景である。女車掌の「物憂そうな」様子もまだ「私」の気分と対立せず、他の乗客も可視的な姿をもつに至らず、全体が未分化な状態にある。⑦で、事件とも言えない小さな出来事が起こる。ある日、「母とよく似た老婆」が隣に座り、車掌が唐突に「みなさん、きょうは富士がよく見えますね」と言ったとき、「若いサラリイマン」や「芸者風の女」などがそのことばに反応し、車内はひとしきりざわめく。

しかし、老婆だけは富士を見ず、反対側を見つめている。「私」は老婆に対して刻々と心理的に「類同化」していき、それに比例して富士や他の乗客に対する「対立関係」も強まっていく。その対立関係は、⑧の「富士なんか、あんな俗な山、見たくもないという、高尚な虚無の心」でクライマックスを迎え、ここに次のAとBの対立が成立する。

A　女車掌、若いサラリイマン、芸者風の女、富士、低俗
B　母に似た老婆、私、「反富士」、高尚

「富士には、月見草がよく似合う」ということばは、このような対立の構図の上に出現する。したがって、このことばには対立関係がそのまま投影されているようにも見える。

しかし、「よく似合う」とは、対立関係を示すことばだろうか。「対峙」はどうか。「対峙」と「対立」は類義語ではあるが、違いははっきりとある。また、ここに来て、「その変哲もない三角の山」「あんな俗な山」が「三七七八メートルの富士の山」になっているのはなぜか。

このように読んでいくと、⑨の「おや、月見草」という老婆のことばが、場面を転換させる重要な役割を果たしていることに、改めて気付かされる。この魔法の一言によって対立関係は一変するのである。今まで対立を担っていた人物たちは「私」を残して舞台から退場し、AとBは次のように書き換えられる。

A　三七七八メートルの富士の山
B　けなげにすっくと立っていた月見草、私

月見草が富士と対峙するためには、富士の方も受けて立つにふさわしい堂々たる高峰になる必要があった。一方、残像となった月見草は、「私」を内側から突き動かして、富士に向かって対峙さ

せようとする。「母に似た老婆」はこれらの変化を引き起こした時点でその役割を終える。
結局、この対立関係で最後に残るものは、A変化した「富士」と、B変化した「私」の二者であると言える。この出来事を境として、「私」と「富士」の関係は新しい段階に入る。

対立関係の発見

最後に、もう一つ、対立関係の発見によって文章の潜在的な意味が明らかになる例を示したい。新聞に投書された八十四歳の女性の文章である。

先週、JR田町駅で、午後四時ごろ乗車した。三つ、四つ、空席があったが、つえをついて私が入った時は座るのには遅すぎた。すると、五十歳ぐらいの紳士が立って、席を譲ってくださった。欧米系の方だった。とても、うれしかった。

また、夕方に込んだ電車に乗ったとき「バーちゃん座りなよ」と、うしろから肩をたたいて席を譲ってくださった方があった。作業服を着た二十四、五歳ぐらいの青年だった。

私が外出すると、いつも若い人たちに迷惑をかける。みんな疲れているだろうに。

私はひざが痛む日は、駅から五、六百㍍歩いて家に帰るのがつらくて、タクシーによく乗る。ある時、十円玉を百円玉と間違えて出したことがあった。

「あっ、ごめんなさい。夕方になると、私は目がよく見えないの」と、あやまったら、若い運転手さんが「大丈夫ですよ。私たちも年をとりますから」と、やさしく言って下さった。私は思わず涙が出た。年をとると、人様のやさしい心が特別うれしい。

（今井富美「年とって知る人のやさしさ」、朝日新聞「声」一九九五年九月一四日）

この文章の場合、対立関係は、文章の背後に潜在しているわけではない。それはことさらに対立関係として書かれてはいないが、初めから文章の表に現れている。

ここには、次のように、外出したときの出来事が三つ書かれている。

A　電車内で五十歳ぐらいの紳士に席を譲ってもらったこと
B　電車内で二十四、五歳ぐらいの青年に席を譲ってもらったこと
C　タクシーで若い運転手からやさしいことばを返されたこと

三つの出来事は、末尾に「年をとると、人様のやさしい心が特別うれしい」とあるように、全体としては同種の話として「類同化」されている。しかし、よく読むと、ABとCの間には微妙な、しかし決定的な「対立」があることに気付く。それは、Cに、「私は思わず涙が出た」とある点である。なぜ、電車で席を譲られても涙を流すことはなかったのに、タクシーの若い運転手のことばを聞いて、この女性は思わず涙を流したのか。

女性は、電車内で席を譲られた話を二つ記した後、段落を改めて、「迷惑をかける」と述べている。

席を譲られたとき、譲ってくれた人は立ち上がり、おそらく女性はうつむいたまま感謝していたことだろう。関係は上下であった。席を譲るという行為は、その善意にもかかわらず人を差異化する。

三つ目は違った。若い運転手は「私たちも年をとる」という普遍的な真理に言及することによって、「私もあなたも同じ人間である」と、そして、「あなたの行為は私の明日の行為でもある」と、述べたのだった。「思わず涙が出た」のは、目の前に水平な関係が開かれたからであった。

この小さな投書には、右のような意味が潜在している。顕在化した表現のなかにある「対立関係」の発見が、このような潜在的な意味を浮き上がらせることになる。

第九章　類同表現の諸相

語句の類同関係と文の類同関係

第三章〈類同の構造〉で述べたように、文章中に現れる同一語・同義語・類義語は「語句の類同関係」を作る。また、二つ以上の類義文の関係は「文の類同関係」となる。

文章表現において語句は文を構成する下位要素であるため、語句と語句の関係は文と文の関係に支配されるようにも見える。しかし、以下に検討するように、語句の類同関係は文の類同関係に従属するわけではない。

もちろん、文の類同関係は当然その内部に語句の類同関係を含んでいる。それは、例えば、第三章で取り上げた『近代秀歌』の次の二文からも確認できる。

a私は、写生というのは、目にしたすべての事象のなかから、ただ一点だけを残して、他はすべて消し去る作業であると考えている。(原文では①)

b私は、「写生」のポイントは、目の前の何を捨てるか、最後に残すものは何かというところに、

方法としての本質があると思っている。（原文では⑩）

まず、文の枠組みとして、「私」「写生」がａｂで同一であり、「ａ考えている、ｂ思っている」が類義語になっている。叙述を構成する表現としては、「ａ目にした、ｂ目の前の」、「ａ消し去る、ｂ捨てる」はそれぞれ類義語、「ａただ一点だけを残し、ｂ最後に残す」は同一語を含む類義表現である。このように、二つの類同文は、確かに多くの類同語句によって作られている。

しかし、このことは、語句の類同関係が文の類同関係に従属して成立することを意味するわけではない。なぜなら、対立関係にある文と文の間にも語句の類同関係は必ず存在するからである。すでに第七章「差異化と類同化」で触れたように、対立関係の前提には基底の部分での意味の共有がある。すなわち、対立関係は、類同性（共通部分）をもつ対象の間で、その差異性（相違部分）の対比として成立する。したがって、文の対立関係は語句の類同関係なしには成立しない。

例えば、第二章の文章例「文章と科学」の次の二文は対立関係を構成していた。

ａ「乙某の論文は内容は平凡でも文章がうまいからおもしろい」という場合がある。（原文⑥）

ｂ平凡陳套な事実をいかに修辞法の精鋭を尽くして書いてみても、それが少なくもちゃんとした科学者の読者に「おもしろい」というはずがないのである。（原文⑧）

ｂはａを否定したものであり、末尾の判断はａ「場合がある」、ｂ「はずがない」と正反対である。

しかし、それ以外の、叙述の基底となる部分は類同関係をなしている。すなわち、「a内容は平凡、b平凡陳套な事実」、「a文章がうまい、b修辞法の精鋭を尽くして書いて」、「a b おもしろい」という具合に、対立する二文の間で類同表現が平行的に用いられている。

このように、語句の類同関係は文の類同関係に従属するものではない。むしろ、語句の類同関係は、文のレベルを超える関係として、文章表現の全体と直接に結び付いている。

基本語句のネットワーク

語句の類同関係が文章全体にわたって認められることは、文章が〈命題の構造〉によって統一されていることを考えれば、少しも不思議なことではない。

文章を統一する「命題」は、「題目」とそれについて語られる「叙述」とによって構成されている。したがって、「題目」や「命題」(=題目+叙述)に直接用いられる語句は、その文章における最重要の語句(中核的な語句)となる。さらに、この中核的な語句は、類義語や対義語、上位概念となる語句、下位概念となる語句など、さまざまな形態の類同表現をもつ。〈命題の構造〉によって統一される文章は、このような中核的な語句とその類同表現を繰り返し使用しながら記述される。語句の類同関係が広く文章全体にわたって認められるのは、このためである。

このような中核的な語句とその類同表現は、それぞれの文章の「基本語句」(キーワード)と考えることができる。

「基本語句」は、相互に類同関係になる場合が多いが、もちろん、すべてが単一の類同関係によって結び付いているわけではない。それらは、中核的な語句をそれぞれの中心として、類同表現の集合（グループ）を作る。その結果、一つの文章中には、類同関係で結び付いた「基本語句」の集合が複数存在することになり、それらの複数の語句群によって「基本語句のネットワーク」が形成される。文章表現における語句の関係として重要なのは、類同関係が作るこのような基本語句のネットワークである。

例えば、次の文章（柳澤桂子『遺伝子医療への警鐘』）には、数種類の語句群によって作られる「基本語句のネットワーク」が見られる。

①現在のように、治療法がないのに診断だけつくという期間は、案外長くつづくかもしれない。②そこで告知の問題が起こってくる。③発病してしまったガンの告知の問題もまだ完全には解決されていない。④これは医学が進歩して診断や予後の予想ができるようになったために生じた問題である。⑤発病したガンを本人ではなく家族に先に知らせるという慣行はいつどのようにしてできあがったのであろうか。⑥これは、医学の進歩に人間がついていけなかった結果のように思えてならない。

⑦もし、誰でも自分の病気あるいは死を受容できるように訓練されている社会であったら、医師は迷うことなく本人に真実を告げるであろう。⑧患者が受容できないであろうと疑うから、

家族に告げるという事態が生じる。

⑨遺伝子診断ができるようになると、発病前に自分の将来の運命を知ることができるようになる。⑩これは、現在のガンなどの告知よりもいっそう深刻な問題をふくんでいる。

⑪この場合には、原則として最初に告知を受けるのは本人であるということが重要であると私は思っている。⑫本人の希望により、本人にのみ告げられるべきであろう。⑬他の人は、たとえ家族であっても遺伝子診断を依頼してはならないし、本人の許可なく結果を聞いてはならないと思う。

⑭そのためには、一人ひとりの人がもっと精神的に自立しなければならないし、死や病気について若いうちから真剣に考え、受容できるだけの精神力を養っておく必要がある。⑮子供のころから、生物であるとはどういうことであるか、病や死をいかに受け入れるべきかという教育を家庭や学校でしなければならないのではなかろうか。⑯医学の進歩に見合った人間の成熟、社会の成熟が望まれる。

⑰死や別離をありえないことと考えて過ごすのではなく、いつでも起こり得ることと受けとめて生きることは、人生をより充実させることになるであろう。⑱一日一日をたいせつに生きるための教育が必要である。

（柳澤桂子『遺伝子医療への警鐘』岩波現代文庫、二〇〇二）

この文章が取り上げている「題目」は、②にあるように「告知の問題」である。

「基本語句のネットワーク」は、以下のようにa～eの五つの系統に整理できる。同じ記号に属する語句は、互いに類同関係にある。（丸数字はそれぞれの語句が属する文の番号。）

a②告知　③告知　⑤知らせる　⑦告げる　⑧告げる　⑨知る　⑩告知　⑪告知を受ける
⑫告げられる　⑬聞く

b①診断　③発病してしまったガン　④診断や予後の予想　⑤発病したガン　⑦病気あるいは
死　⑨遺伝子診断　⑩ガン　⑬遺伝子診断　⑭死や病気　⑮病や死　⑰死や別離

c⑤本人・家族　⑦本人　⑧患者・家族　⑪本人　⑫本人　⑬他の人・家族・本人

d⑦受容　⑧受容　⑭受容　⑮受け入れる　⑰受けとめて生きる

e⑥医学の進歩に人間がついていく　⑦訓練されている　⑭精神的に自立する　⑭精神力を養
う　⑮教育を家庭や学校でする　⑯人間の成熟、社会の成熟　⑱一日一日をたいせつに生き
るための教育

aは「告知」の類同表現、bは「何を告知するのか」という「何」を示す類同表現、cは「誰に告知するのか」の「誰」に関する類同表現である。この「誰」については、文章の前半部分（①～⑬）で、「告知は本人に対してなされるべきである」という結論が出されている。この考えに基づいて、「では、本人に告知するためには何が必要か」を語るのがこの文章の眼目であり、これに関わる基本語句がdとeの類同表現である。

ここで、「誰に告知するのか」は、「告知という問題をどう考えたらよいか」という「主問」に対

する「副問1」、「本人に告知するためには何が必要か」は「副問2」と考えることができる。副問2に対する解答の骨子はdとeの類同表現を用いて要約できる。すなわち、それは、「告知が本人に対してなされるためには、告知を受容できるだけの精神的な成熟が必要であり、それには病や死を受け入れる教育が家庭や学校でなされる必要がある」ということである。

この例で分かるように、基本語句の類同関係をたどることは、要旨の把握や要約の作成に直接役立つ作業になる。この意味でも、語句の類同関係には、文の類同関係とは違った重要性がある。

類同化による類同表現

さて、ここまでの段階では、「類同表現」として「類同関係にある文や語句」を取り上げてきたが、これとは性格の異なる別の種類の「類同表現」も存在する。

すでに第三章で示したように、二つ以上のものを「同じもの・同じようなもの」と見なして一括りにすることが「類同化」であった。文章表現には、このような類同化によって作られるさまざまな「類同表現」が存在する。これは、これまで扱ってきたものとは異なる別種の類同表現であり、二つを区別するためにこちらを「類同化による類同表現」と呼ぶことにする。

「類同化による類同表現」には、「比喩」「象徴」「類推」という三つの表現形式も含まれる。「比喩」は、Aについて「AはBのようだ」と表現するものであり、「象徴」は、抽象的内容Aを具体的なBによって表すもの、「類推」は、Aについての判断をそれと類似するBに適用するものである。これらはいずれも、AとBを類同化することによって成立する第二種の類同表現である。

この比喩・象徴・類推は、第二部に独立した項目を立て、そこで詳しく論じる予定である。ここでは、和歌や俳句にも「類同化による類同表現」が見られることを紹介しておきたい。

和歌の「見立て」

古典和歌に見られる「見立て」は、類同化そのものと言ってよい技巧である。「見立て」では、直接の表現対象であるAを、それに類似するBと見なして表現する。

例歌として『古今和歌集』から三首を引く。（9、75、294は和歌集の中の歌番号。）

①9　霞立ち木《こ》の芽もはるの雪降れば花なき里も花ぞ散りける　紀貫之

②75　桜散る花のところは春ながら雪ぞ降りつつ消えがてにする　承均《そうく》法師

③294　ちはやぶる神代もきかず竜田川韓紅《からくれない》に水くくるとは　在原業平

（『古今和歌集』高田祐彦訳注、角川文庫、二〇〇九）

①には「雪の降りけるをよめる」という詞書が付いているが、これがなくても下の句がA「雪」をB「花」に見立てたものであることは容易に見て取れる。歌意は、「霞が立ち、木の芽も膨らむ春。そんな春に雪が降ると、花の咲いていない里にも花が散るのだった」。

紀貫之は、『古今和歌集』の二首目で「袖ひちてむすびし水のこほれるを春立つけふの風やとくらむ」と詠んで、夏から冬、冬から春へと移る季節の変化を一首の中に表現したが、この第九首においても、雪から霞・芽吹き・開花を経て落花までを一首の中に詠み込んでいる。この歌の場合、そうした移りゆく季節の表現は、「雪」を詠みつつそれを「花」と類同化したことによって達成されている。

②には「雲林院《うりんいん》にて桜の花の散りけるを見てよめる」という詞書がある。①とは反対に、A「花」をB「雪」に見立てている。歌意は、「桜が散っている花のもとでは、春なのに雪が次から次へと降って消えにくそうな様子である」。

桜の花の散る様子を雪の降る様子になぞらえているが、第五句では再び花の特性が作用して雪が消えにくいものになっている。ここでは、類同化は花から雪へと一方向でなされているのではなく、花と雪とが双方向で類同化されて両者の特性が重ねられている。

③は『百人一首』にも見える名高い歌である。歌意は「神代にも聞いたことがない。竜田川が韓《から》紅《くれない》色（深紅）に水をくくり染め（絞り染め）にするとは」。ここでは、A「紅葉の流れる竜田川」をB「韓紅色にくくり染めにされた布」に見立てている。

この歌の場合、Aの「紅葉」は歌に直接詠まれてはいない。しかし、『古今和歌集』の詞書には、この歌が直前の歌とともに、竜田川の紅葉を描いた屏風の屏風歌であると記されている。また、仮にその詞書がなくても、竜田川は紅葉の名所として知られていたことから、詠歌の対象が「紅葉を浮かべて流れる竜田川」であることは容易に分かる。むしろ、「紅葉」を言わずにBだけを示すという大胆な見立ての表現に、「ちはやぶる神代もきかず」という歌い出しとともに、この歌の意表を突く面白みがあると見ることができる。

よく知られているように、正岡子規は、『歌よみに与ふる書』で、「貫之は下手な歌よみにて『古今集』はくだらぬ集に有之候《これあり》」と言い、見立てに関しても、『拾遺和歌集』所収の貫之の歌「桜散る木《こ》の下風《したかぜ》は寒からで空に知られぬ雪ぞ降りける」を「『空に知られぬ雪』とは駄洒落にて候」と酷評した。しかし、「見立て」は、右に見てきたように、これをただのことばの置き換えやことば遊びと片付けることはできない。それは、表現対象Aを他の対象Bと類同化することによって、対象世界のイメージを豊かに広げる表現方法であった。

類同化による俳句

俳句には、二つの事柄の類同化によって句として成立しているものがある。それは、芭蕉や蕪村から現代の俳句まで、どの時代の作品にも見ることのできる俳句の一つの詠み方である。

高浜虚子は、芭蕉の「菊の香や奈良には古き仏達」について次のように述べている。

①奈良へ行って見ると興福寺とか東大寺とか西大寺とかまた法隆寺とか、古き都のあとで、しかも仏法が初めて隆盛を極めた時代の名残が沢山残っている。②その寺々にはそれぞれ古い仏体が沢山あって、貴く拝まれる。③その古い仏たちの沢山ある奈良に行った時の心持は、清

高なる菊の香を嗅ぐ時の心持と似通ったところがある、というのである。④実際奈良に行けば菊の花も咲いていたであろう。⑤その菊の香を嗅ぎながら、仏を礼拝して廻ったのであろう。⑥けれどもこの句はそういう実際の景色を写生したというよりも、奈良に行って古い仏たちに接した時のすがすがしい尊い感じを現わそうとする場合に菊の香に思い到って、それを配合したというような句である。⑦俳句は往々にしてこういう句がある。⑧これを単に菊の花を古い仏たちとの比喩と見てしまっては殺風景である。⑨単純な比喩ではなくて、菊の香と奈良の仏たちと相俟《あいま》って、蒼古な敬虔な感じを起すところに句の生命はあるのである。

（高浜虚子『俳句はかく解しかく味う』一九一八／岩波文庫、一九八九）

虚子はここで、芭蕉の「菊の香や」の句が、Ａ「奈良の古い仏たち」とＢ「菊の香」との類同化によって成立していることを繰り返し説明している。直接それを指摘しているのは③⑥⑨の三文であるが、例えば③によれば、Ａは「古い仏たちの沢山ある奈良に行った時の心持」であり、Ｂは「清高なる菊の香を嗅ぐ時の心持」である。虚子のことばを本書の用語に置き換えれば、③「似通ったところがある」＝類同関係にある、⑥「それを配合した」＝それを類同関係に置いた＝それを類同化した、⑨「相俟って」＝二つが類同化されて、ということになる。

虚子の解説文の要点は、「類同化」ということばを用いれば、次のように整理できる。

ａ芭蕉の句は、「奈良の古い仏たち」と「菊の香」の類同化によって「すがすがしい尊い感じ」、「蒼古な敬虔な感じ」を表現したものである。

ｂこの句は、実際の体験から生まれたものであるにしても実際の景色の写生ではなく、二つの事柄の類同化によって生じるある感じを現そうとしたものであり、俳句には往々にしてこのような句がある。

「類同化による俳句」とは、このような俳句を指す。「俳句は往々にしてこういう句がある」というその例を、以下にいくつか示しておきたい。

①鳥羽殿《とばどの》へ五六騎いそぐ野分《のわき》哉　与謝蕪村
②ゆく春やおもたき琵琶の抱きごゝろ　与謝蕪村
③古郷《ふるさと》やよるもさはるも茨《ばら》の花　小林一茶
（①～③『日本古典文学全集42　近世俳句俳文集』小学館、一九七二）

④啄木鳥《きつつき》や落葉をいそぐ牧の木々　水原秋桜子
⑤七月の青嶺《あおね》まぢかく熔鉱炉　山口誓子
⑥万緑《ばんりよく》の中や吾子《あこ》の歯生え初むる　中村草田男
（④～⑥『日本の詩歌19　水原秋桜子他』中央公論社、一九六九）

①では、「危急の事態に向かう五六騎の騎馬武者」と「吹き荒れる野分」とが類同化され、二つの相乗効果によって「風雲急を告げる」緊迫した場面が作られている。この句は、『保元物語』に

取材して、鳥羽離宮をさして疾駆する騎馬武者を描いた、と説明されることが多いが、「野分」という「自然」を最もよく表わす「人事」として、「鳥羽殿へ五六騎急ぐ」が選ばれたと考えることもできる。

②は、「晩春の気だるい気分」と「抱えてみていつもより重く感じられる琵琶の感触」とが類同化されている。「行く春」という特にこれという実体のないものを「重たき琵琶の抱き心」という確かな感覚に置き換えたところがこの句の手柄であり、両者は単なる類同関係というより、重く感じられる琵琶が行く春の気分を象徴していると見てもよい。

③は、一茶が亡父の遺産問題解決のために北信濃柏原《かしわばら》の故郷に入ったときの句。継母や異母弟、さらには頼りにしていた名主からも冷たくあしらわれ、墓参りをしただけでまた江戸に戻る。「古郷」と「茨の花」は、トゲだらけという点で類同性（共通性）をもつ。この句の場合も、「茨の花」は「古郷」の象徴と言ってもよい。

④では、「啄木鳥のしきりに木をたたく音」と「牧場の木々の葉が先を争うように散っていくさま」が類同化され、晩秋から初冬へと向かう自然の様子が音と景の両面において鮮やかに写し取られている。この句では、きつつき、まきのきぎ、と「き」が繰り返されており、この音の反復も類同化された雰囲気を一層強める働きをしている。

⑤では、「七月の青々と繁る嶺」と「熱く燃える熔鉱炉」が類同化され、自然と文明がともに熱気を帯びて相対しているさまが生き生きと表現されている。

中村草田男は、『俳句入門』（みすず書房、一九七七）で、季題の働きの一つとして、「季題は、季題以外のものと、同調子のものとしてその印象を強度化するに協力する」という点を挙げ、この句について、「季題は『七月』です。そして、いうまでもなく、同調子のものとして協力して『熔鉱炉』の印象を強度化しています」と説明している。草田男のこのことばは、先の虚子のことばとともに、「類同化による俳句」にとって大変ありがたい説明である。ただし、「青嶺」も夏の季語であることを考えると、この句では「七月の青嶺」が「熔鉱炉」と類同化されている（＝「同調子のものとしてその印象を強度化」している）と取るのがよいだろう。

⑥の「万緑」は、「見渡すかぎりの緑」という意味であり、この語には、草も木も緑に輝く、生命感あふれる夏のイメージが湛えられている。そして、そのような時期に「わが子の乳歯が生え始める」というめでたい出来事が生じたのであった。二つは、生命の輝きという点で類同化され、生の賛歌と言うべき句として結実した。

第十章　抽象と概念化

同一対象の異なる表現

第四章〈抽象の構造〉で述べたように、抽象によって概念は作られ、概念はことばによって表現される。「抽象による概念の形成」と「ことばの成立」は別のことではない。また、ことばが抽象によって成立することにより、ことばは抽象の度合いに応じた階層的な関係を作る。

抽象によってことばが作られることには、さらに二つの重要な意味があると考えられる。

その一つは、任意の対象について、抽象の仕方の異なる複数のことばが存在し得ることである。すなわち、ある対象を示す表現は、第一に、その対象をどの視点から抽象するかによって、第二に、その対象をどの程度の度合いで抽象するかによって、異なることばとなって現れる。

例えば、ここに、岸田劉生の「麗子像」と呼ばれる作品があるとする。それは、人物を描いた点を抽象すれば「人物画」ないし「肖像画」であり、西洋で発達した材料や技法によって描いた点を抽象すれば「西洋画」ないし「洋画」と言える。「人物画」と「西洋画」の違いは、対象のどの性質に注目して抽象するかという視点の違いである。

一方、この作品は、物の姿を線や色によって紙や布に描いたものという点では「絵画」と呼ばれ、線や色や形によって美を表現したものとしては「美術」と呼ばれる。さらに、人間によってなされた美的価値の表現という点では「芸術」と言うこともできる。

「絵画」「美術」「芸術」には第一の「抽象する視点の違い」があるが、それだけでなく、この三者の間には、第二に挙げた「抽象の度合いの違い」を認めることもできる。すなわち、三者を比べると、絵画よりも美術の方が抽象度が高く、さらに美術よりも芸術の方が抽象度が高い。別の言い方をすれば、絵画は美術の下位概念であり、芸術は美術の上位概念となる。

このように、例えば「麗子像」は、人物画、西洋画、絵画、美術、芸術など、抽象の視点や抽象度の異なる複数のことばによってこれを表現することができる。つまり、ことばが抽象によって作られるために、同じ一つの対象が、抽象の仕方の異なるさまざまなことばをもつことになる。

このことは、文章表現という観点からも重要である。素材としての対象は同じであっても、その対象について書かれた文章は書く人によって異なるものになる。その理由の一つは、以上に述べた「対象を抽象する視点」や「抽象の度合い」の違いに求めることができる。

同じものと違うもの

抽象によってことばが作られることのもう一つの重要な意味は、抽象の作用によって、ある対象とそれ以外の対象との関係が変化することである。

第四章で触れたように、S・I・ハヤカワは、抽象度に基づくことばの階層を「抽象のハシゴ」と名付け、「ベッシー」という牝牛について、「ベッシー」「牝牛」「家畜」「農場資産」「資産」「富」という抽象のハシゴの実例を示した。

抽象のハシゴを一番下まで下降すると、他のすべてと異なるその一つだけの「個物」に達する。「ベッシー」と同じ牛は一頭として存在せず、そこでは一つ一つのものがかけがえのない特殊な個物として存在する。反対にこのハシゴを上まで上り詰めたとき、「ベッシー」は他のすべてのものと同様に「もの」という存在になる。そこでは、一切の個別的な差異が捨象されて「もの」としての共通性だけが残る。通常のことばは、このような「個物」よりも抽象的で「もの」よりも具体的な位置で対象を抽象している。

この抽象のハシゴは、「内包」「外延」という用語によって説明されることもある。ハシゴを下降して「具体化」を強めていくと、ことばの意味内容である「内包」は豊かになり、その意味の適用範囲である「外延」は狭まる。反対にハシゴを昇って「抽象化」を強めていくと、「内包」は乏しくなり、「外延」は広がっていく。

この抽象度の違いによる内包と外延の変化は、対象と他の対象との関係を変化させる。すなわち、抽象度を高めて「個物」から「もの」の方向（抽象化の方向）に進むと、「違う」ものが「同じ」ものになり、反対に抽象度を低くして「もの」から「個物」の方向（具体化の方向）に進むと、「同じ」ものが「違う」ものになる。

例えば、「ベッシー」は、「牝牛」と呼ばれるとき、馬、羊、豚、鶏などから「差異化」されてそれらとは「違う」ものとなり、一方、「家畜」と呼ばれるときには、馬、羊、豚、鶏などと「類同化」されてそれらと「同じ」ものとなる。さらに抽象度を高めて「資産」と呼ぶ場合には、「家畜」のときには全く「違う」ものとして存在していた牧場、畑、家屋、自動車などと「類同化」されて、これらすべては「金銭に換算される所有物」という意味で「同じ」ものになる。

「抽象」のこのような作用は、文章表現にとっても重要である。特に、違うものを同じものにする「抽象化」は、これを徹底させると、対象を普遍的な水準で取り扱う「普遍化」になる。第八章で取り上げた「年とって知る人のやさしさ」は、この「普遍化」の例と言えるものであった。これについては、第二部の最後の章で改めて取り上げることにしたい。

類同化・抽象化・概念化

「抽象」の定義に関わる問題として最後に取り上げるのは、「抽象」と「概念」の関係である。第四章に示した定義は、次の三つの項目から成り立っていると考えられる。

①「抽象」の意味の中心は、「対象からある性質を抜き出すこと」にある。

②対象が一つであるか複数であるかによって、①の意味は、a「ある対象から特定の性質を抜き出すこと」にも、b「複数の対象から共通の性質を抜き出すこと」にもなる。

③bの「複数の対象から共通の性質を抜き出すこと」は、新たな概念を形成することになる。

本書では、この③を、①②と区別して、特に「概念化」と呼ぶことにする。『日本国語大辞典』（第二版、小学館、二〇〇一）は「概念化」を見出し語に掲げ、「事物の本質的な特徴をとらえて表現すること」と定義している。本書の「概念化」もこの定義と矛盾するものではないが、本書では、「類同化」「抽象化」「概念化」という隣接する用語を互いに区別するため、この三者を以下のように定義する。

類同化＝複数の対象を同じもの・同じようなものと見なして一括りにすること。
抽象化＝ある対象から特定の性質を抜き出すこと、および複数の対象から共通の性質を抜き出すこと。
概念化＝抜き出した共通の性質を、一つの概念として一つのことばで表現すること。抜き出した共通の性質に対して、それを概念とする一つのことばを与えること。

すでに第七章「差異化と類同化」で述べたように、複数の対象をAとBの二つに分けることは、対象をAとBに「差異化」することであるが、このとき同時に、分けられたAとBは、AはAとして「類同化」され、BはBとして「類同化」される。

この「類同化」の段階では、A、Bはそれぞれ同じものないしは同じようなものとして一括りにされるだけで、AをAたらしめている共通の性質、BをBたらしめている共通の性質はまだ明確には意識されていない。

共通の性質を明確に意識してこれを抜き出すのが、次の「抽象化」の段階である。

ところで、第四章で参照した辞書の一つは、「抽象」を、「種々の具体的なものの中から、共通している性質だけを抜き出して、一つの概念を作りあげること」と定義していた。この定義の「共通する性質を抜き出すこと」と「一つの概念を作り上げること」の間に段階的な差異を認めようとするのが、「概念化」ということばを導入する理由である。

すなわち、「抽象化」の段階では共通の性質が抜き出されるだけで、その共通の性質は、まだ一つのまとまった概念として、一つのことばで表現されるには至っていない。この「抜き出した共通の性質を、一つの概念として一つのことばで表現すること」が本書の言う「概念化」である。ただし、ここでの「表現する」は必ずしも音声や文字によって外化される必要はなく、心中にそのような表現をもつことで十分である。したがって、「概念化」は、「抜き出した共通の性質に対して、それを概念とする一つのことばを与えること」と説明することもできる。

例えば、第七章で取り上げた与謝野晶子の短歌、「筆硯煙草を子等は棺に入る名のりがたかり我れを愛できと」では、「筆と硯と煙草」は、父の棺に納めるものとして一括りにされている。この、三つの品を同じようなものとして一括りにすることが「類同化」である。そして、その三つの品に共通する性格を、「故人が残した愛用品」という形ではっきり意識することが「抽象化」となる。さらに、そのように意識した共通性に対して「遺品」という一つのことばを与えることが、本書の言う「概念化」である。

第七章では、「筆」「硯」「煙草」の三つは「類同化」されて「遺品」となっていると書いたが、これらが「遺品」として意識されたとき、厳密に言えば、そこには「類同化」「抽象化」「概念化」という三段階の意識作用が働いていたと考えられる。

具体的話題からの抽象化と概念化

ここからは、実際の文章に即して、文章表現における「概念化」について考えてみたい。

次の文章は、鶴見俊輔の「禿山《はげやま》に思う」と題するエッセイの前半部分である。

①私の住んでいる近くの木野の駅のそばに、はげあがっててっぺんのところにだけ木がのこっている山がある。②モヒカン刈りにした、男の頭のようにも見えるし、ペーター・ブリューゲルのえがいたバベルの塔のようにも見えて、そのそばをとおるたびに、空想を刺激される。③土建会社が山をくずしてゆく途中、工事中止の命令が出て、やめてしまったものだそうだが、大雨がふると、けずりあげたがけがくずれてくるのではないか。④相当に困ったことがあり得る。

⑤人間は地球の皮のようなわずかの表土をたよりに生きてきたので、表土をけずりとることには罰がつきものだった。⑥このことは、プラトンが対話篇『クリティアス』を書いたころから、重大な問題としてとりあげられている。

⑦この禿山の下に、公立の高等学校がある。⑧ここで教える世界史、日本史、政治経済、倫

理、地理、地学などの教材としても、毎日見ているこの山は、ふさわしいと思うが、こういうきり口から入ってゆくような授業は、もはや時代遅れになったのだろうか。

⑨生徒にとって、偶然に目の前にあらわれたことをいとぐちとして教えられることが、自分の身につく知識になる。⑩そういう偶発性教育を、生徒に対してできるようになるためには、教師自身が、目前の世界の偶発性に対して心をひらいていなくてはいけない。

（鶴見俊輔『思想の落し穴』岩波書店、一九八九）

この文章では、「削り残された禿山」について、最初から第三段落の⑥まで随想的な叙述が続き、第四段落の⑧に至って、この具体的話題から「毎日見ている禿山を切り口としてそこから入っていく授業」が発想されている。

⑨では、この発想が「抽象化」されて、「偶然に目の前にあらわれたことをいとぐちとして教える授業」となる。

さらに⑩になると、そのように抽象化された内容が「偶発性教育」ということばによって「概念化」されている。

①から⑥までの箇所は、一見「禿山を見て思ったこと」をとりとめもなく綴ったようにも見える。しかし、文章を最後まで読むと、ここに語られているような内容こそ、⑩で言う「目前の世界の偶発性に対して心をひらく」ことの具体化であることに気づかされる。

命題の構造と概念化

第六章で述べたように、〈命題の構造〉は、提題化（＝題目や問題の設定）と命題化（＝題目や問題に対応する命題の提出）という二段階の作業によって作られる。この命題化には、右のような「概念化」が伴うことが少なくない。次の文章もその例である。（文の一部に番号を付した。）

彼らはそもそも新任講師の夏目金之助というういかにも町人らしい名前に嘲笑的なものを感じていた。いったい夏目金之助とか金五郎とかいう人物は何者であるか。たかが「ホト、ギス」に二、三の駄文を発表しただけの、田舎の高校教師あがりの無名の風来坊ではないか。片やハーン先生はといえば、海外文壇に著名な大文豪である。その直系の弟子たる自分たちが、この金之助ごときになめられてはたまらない。そう思って、苦虫を噛みつぶしたような顔で学生を叱りつけている金之助を観察すると、この洋行帰りの新任講師は、①小柄な身体に妙にピッタリしたフロックコートを着込み、②左右の尖端をできるだけはね上げてコスメチックで固めたカイゼル髭を、幾度となく純白のハンカチをつかって、電光石火の早業で磨いている。それだけではない。③彼は左右のカフスボタンを気障《きざ》な手つきで交互に弄《もてあそ》び、やたらと廻転させたりもしていた。④それは要するに、ハーンがあれほど軽蔑し、嫌悪していた西洋化された日本人の、悪しき典型であると見えた。

（江藤淳『漱石とその時代 第二部』新潮社、一九七〇）

明治三十六年(一九〇三年)四月、東京帝国大学文科大学講師としてラフカディオ・ハーンに替わって着任した夏目金之助は、英文科学生からこのような印象をもって迎えられた。

その直接的な印象は、具体的には、①~③のような細部(フロックコート、カイゼル髭、カフスボタン)から出来上がっている。この一連の叙述は並列されることによって「類同化」され、ここからは、「外見も振る舞いもイギリス紳士を気取っている気障な人物」という人物像が抽象できる。しかし、本文はそうした「抽象化」の過程を省略して、直ちに④の「西洋化された日本人の悪しき典型」という「概念化」に達している。④の冒頭に置かれた「それは要するに」は、途中の抽象化を跳び越えて、類同化から一気に概念化へ移る勢いをよく表している。

この文章の「問題」は「夏目金之助とは何者か」であり、これに応じる命題化には、右のように、「西洋化された日本人の悪しき典型」という概念化が伴っていた。ただし、これは一つの概念としてはかなり長く、不十分な概念化であるとも言える。十分な概念化のためには、「西洋化された日本人の悪しき典型」の先に、これをさらに短いことばに凝縮する過程が必要となる。

対立の構造と概念化

「題目」から「命題」に至る過程には、しばしばAを否定してBを取るという〈対立の構造〉が出現する。この場合、AとBの双方に「具体化」「抽象化」「概念化」が見られることが多い。

そのような例として、福沢諭吉『学問のすゝめ』を再び取り上げてみたい。第六章では冒頭部分を掲げたが、以下の引用はそれに続く部分である。

①学問とは、ただむずかしき字を知り、解し難き古文を読み、和歌を楽しみ、詩を作るなど、世上に実《じつ》のなき文学をいうにあらず。②これらの文学もおのずから人の心を悦ばしめ随分調法なるものなれども、古来世間の儒者和学者などの申すようさまであがめ貴《とうと》むべきものにあらず。③古来漢学者に世帯持ちの上手なる者も少なく、和歌をよくして商売に巧者《こうしゃ》なる町人もまれなり。④これがため心ある町人百姓は、その子の学問に出精《しゅっせい》するを見て、やがて身代《しんだい》を持ち崩すならんとて親心に心配する者あり。⑤無理ならぬことなり。⑥畢竟《ひっきょう》その学問の実に遠くして日用の間に合わぬ証拠なり。⑦されば今かかる実なき学問はまず次にし、もっぱら勤むべきは人間普通日用に近き実学なり。⑧たとえば、いろは四十七文字を習い、手紙の文言《もんごん》、帳合《ちょうあい》の仕方、算盤《そろばん》の稽古、天秤《てんびん》の取り扱い等を心得、なおまた進んで学ぶべき箇条ははなはだ多し。⑨地理学とは日本国中はもちろん世界万国の風土道案内なり。⑩究理学とは天地万物の性質を見てその働きを知る学問なり。⑪歴史とは年代記のくわしきものにて万国古今のありさまを詮索する書物なり。⑫経済学とは一身一家の世帯より天下の世帯を説きたるものなり。⑬修身学とは身の行ないを修め人に交わりこの世を渡るべき天然の道理を述べたるものなり。

（福沢諭吉『学問のすゝめ 初編』一八七二／講談社文庫、一九七二）

ここでの「問題」は、学問一般の内容ではなく、「学問の勧め」の「学問」とはどんなものか、つまり、

「本書が（福沢諭吉が）勧める学問とはどういう学問か」ということである。
この文章は、次のように、AとBの「対立関係」によって構成されており、A・Bそれぞれの叙述には、具体化（具体例と具体的説明）、抽象化、概念化の三つの段階を認めることができる。

A否定的内容　a具体化……①②③④⑤
b抽象化……⑥「実に遠くして日用の間に合わぬ学問」
c概念化……①広義の「文学」

B肯定的内容　a具体化……⑧⑨⑩⑪⑫⑬
b抽象化……⑦「人間普通日用に近き学問」
c概念化……⑦広義の「実学」

「問題」の解答となる「命題」は⑦に示されており、それは、最短の形としては「本書が勧める学問とは実学である」と表現できる。⑦のうち「人間普通日用に近き」はその学問の特質を「抽象化」したもの、「実学」はさらにその特質を「概念化」したものと言える。
しかし、命題の核心をなす「実学」の内容は、⑦の段階ではまだ不明である。そのために⑧〜⑬でその「具体化」が図られることになる。この具体例と具体的説明によれば、福沢の勧める「実学」とは、日常の生活技術から実証的な科学までを含む「広い意味での実用的学問」であると理解される。

概念化の過程の再構成

最後に、夏目漱石が一九一一年（明治四十四年）に行なった講演「現代日本の開化」を取り上げてみたい。漱石は、明治期の日本の開化を「外発的」という概念を用いて説明する。

①現代の日本の開化は前に述べた一般の開化と何処《どこ》が違うかというのが問題です。②もし一言にしてこの問題を決しようとするならば私はこう断じたい、西洋の開化（即ち一般の開化）は内発的であって、日本の現代の開化は外発的である。③ここに内発的というのは内から自然に出て発展するという意味で丁度《ちょうど》花が開くようにおのずから蕾《つぼみ》が破れて花弁が外に向うのをいい、また外発的とは外からおっかぶさった他の力でやむをえず一種の形式を取るのを指したつもりなのです。④もう一口説明しますと、西洋の開化は行雲流水の如く自然に働いているが、御維新後《ごいっしんご》外国と交渉を付けた以後の日本の開化は大分勝手が違います。⑤勿論何処の国だって隣づき合《あい》がある以上はその影響を受けるのが勿論の事だからわが日本といえども昔からそう超然としてただ自分だけの活力で発展した訳ではない。⑥ある時は三韓また或時は支那という風に大分外国の文化にかぶれた時代もあるでしょうが、長い月日を前後ぶっ通しに計算して大体の上から一瞥して見るとまあ比較的内発的の開化で進んで来たといえましょう。⑦少なくとも鎖港排外の空気で二百年も麻酔した揚句《あげく》突然西洋文化の刺戟《しげき》に跳ね上った位強烈な影響は有史

以来まだ受けていなかったというのが適当でしょう。⑧日本の開化は、あの時から急劇に曲折し始めたのであります。⑨また曲折しなければならないほどの衝動を受けたのであります。⑩これを前の言葉で表現しますと、今まで内発的に展開して来たのが、急に自己本位の能力を失って外から無理押しに押されて否応なしにそのいう通りにしなければ立ち行かないという有様《ありさま》になったのであります。⑪それが一時《いっとき》ではない。⑫四、五十年前に一押し押されたなりじっと持ち応《こた》えているなんて楽な刺戟ではない。⑬時々《じじ》に押され刻々に押されて今日に至ったばかりでなく向後《こうご》何年の間か、または恐らく永久に今日の如く押されて行かなければ日本が日本として存在出来ないのだから外発的というより外に仕方がない。

（夏目漱石「現代日本の開化」一九一一／『漱石文明論集』岩波文庫、一九八六）

「問題」は①にある通り、「現代の日本の開化は一般の開化とどこが違うか」。その解答となる「命題」は②に示されている。すなわち、西洋の開化（＝一般の開化）は内発的であって、日本の現代の開化は外発的である。

③は命題の核心にある「内発的」「外発的」の語義の説明である。

④から⑬は、「なぜ現代の日本の開化を外発的と言うのか」という潜在する問いに対する解答になっている。ここには「現代日本の開化の現実」が語られており、漱石はその現実を「抽象化」して、⑩「急に自己本位の能力を失って外から無理押しに押されて否応なしにそのいう通りにしなければ立ち行かないという有様」と表現した。「外発的」とは、そうした開化の本質を「概念化」し

たことばにほかならない。

実際の思考過程は、ａ開化の具体的な現実→ｂその「抽象化」としての認識→ｃその認識を「概念化」した「外発的」ということば、の順であったはずである。漱石の話は、まずｃの「外発的」ということばを冒頭に置き、次にａの具体的な現実を述べ、そのａの途中でｂの抽象化も行なうという構成をとっている。漱石は右の講演で、概念化の過程を逆向きに「再構成」したと言える。

このような文章に対しては、これを再び再構成して、実際の思考過程（＝概念化の過程）を復元するという読み方も有効な読解法と考えられる。

第二部　文章表現の原理の応用

第十一章　文章の要約

「要約」とその類義語

文章の要約は、「文章表現の四つの構造」のすべてに関わる。そこで、第二部（応用編）は「要約」から始めることにする。

最初に、類義語との関係を整理しておきたい。文章の概要にかかわる用語には、「要約」のほかに「要旨」「あらすじ」「大意」などがある。

「要約」と「要旨」は、評論や論説などのいわゆる論理的文章に使用される用語である。論理的文章とは、ある題目や問題について、分析や論証に基づいて、主張や解答（＝結論となる命題）を述べる文章である。「要約（ないし要約文）」とは、このような論理的文章から論点（＝論理の要点）を取り出し、それを筋が通るように結合したものをいう。また、要約文を作る作業も「要約」と呼ぶ。一方、「要旨」は、文章の結論となる主張を簡潔に取り出したものを指す。「要約」は「要旨」（主張・結論）を含みつつその主張に至る論理の過程を示すものである。

ときには「論点の要約」「要旨の要約」「論旨の要約」という言い方もされるが、これらはすべて要約と同じである。また、長文を対象にして、二百字、三百字で「要旨をまとめよ」というような指示がなされることもあるが、この場合にも求められているのは要約である。

要旨と要約は、〈命題の構造〉という観点からは次のように説明できる。すなわち、第一部の第一章で述べたように、文章とは「一つの命題によって統一された文の集合体」であるが、長い文章の場合には、その全体を「一つの文章」とも「複数の文章の集合」とも考えることができる。全体を一つの文章と見たときには、それを統一する一つの「命題」が全体の「要旨」になる。また、複数の文章の集合と見る場合には、それぞれの文章が命題をもつことになる。この複数の命題を筋が通るように結合したものが、全体の「要約」である。

これに対して、「あらすじ」は、小説や戯曲などのいわゆる文学的文章に使われる用語である。小説にとって不可欠の要素は「人物と事件」であって「問題と主張」ではない。そこでは、人物の心理と行動、人物と他の人物の出会い、複数の人物の会話や行動、それによって生じる事件などが具体的に描かれ、これらが全体として小説の筋（ストーリー）を形成する。「あらすじ」とは、そうした具体的な筋の要点を短くまとめたものをいう。「命題」ということばを用いるなら、この「具体的な筋の要点」の一つ一つが命題であり、「あらすじ」はそれらの命題を叙述の順に結合したものであると言える。

以上の「要約」「要旨」「あらすじ」に比べると、「大意」は用法がやや広く、小説にも評論・論説にも用いられる。「大意」の辞書的な意味は「大体の意味、全体のあらまし、概略」であるが、小説の場合には「あらすじ」を指し、論理的な文章の場合には「要約」に近い意味で使われる。ただし、「要約」では具体例を省略するのに対して、「大意」の場合には、ある程度具体例も交えながら全体の内容をまとめる傾向がある。

四つの構造と論点

右に述べたように、「要約」とは、論理的文章の「論点」を筋が通るように結合したもの、およびそのような「要約文」を作ることを指す。「論点」は、通常は文の形をとるため、「キーセンテンス」と呼ばれることもある。この論点を的確に抜き出すことが要約作業の中心となる。

論点（キーセンテンス）は、文章表現の四つの構造と以下のような関係にある。

〈命題の構造と論点〉

論理的文章は、ある題目や問題について、筆者の主張や解答を結論として述べるものであり、結論となる命題（主張や解答）は最重要の論点となる。

また、論述の過程では、題目や問題の分析、仮説的な主張や解答、対立する主張とその反論、結論（主張や解答）の根拠などが示される。このような「題目や問題から結論に至る主要な叙述」も重要な論点となる。

〈抽象の構造と論点〉

第四章で述べたように、文章を構成する各段落の内部は、多くの場合、「相対的に具体的な文」（従属文）によって「相対的に抽象的な文」（中心文）を説明するという構造をもつ。この「段落の中心文」

は、各段落を統一する命題であり、それぞれが論点となる。

また、同様の構造が段落相互の間に見られることもあり、そこでは、「具体的な段落」によって「抽象的な段落」の内容が説明される。この場合は、「抽象的な段落」の中心文が論点となる。

段落が非常に長かったり短かったりする場合には、一段落が一論点となるように段落の分割や統合を行なう。統合してできる段落は、「大段落」や「意味段落」と呼ばれることもある。

〈類同の構造と論点〉

第九章で述べたように、文章表現は、「題目」や「命題（主張、結論）」に直接用いられる中核的な語句およびその類同表現を「基本語句」（キーワード）としている。論点となる文には、必ずこのような基本語句が含まれることになる。

また、文章表現に限らず、表現一般において「大事なことは繰り返される」という傾向がある。したがって、論点となる文も類同表現（類義文）によって反復される傾向がある。

〈対立の構造と論点〉

AとBの対立関係そのものを問題とする文章では、論述の過程にAについての命題、Bについての命題、およびABの対立関係を示す命題が現れる。これらはすべて論点となる。

一方、Aを論じる過程でBとの対立関係に言及する場合、①「AはBと違ってCである」という命題が生まれる。これはさらに、最重要の部分だけを残して短縮すれば②「AはCである」という命題になる。多くの場合、詳しい要約文では①を、簡潔な要約文では②を採る。

要約の方法

以上の内容にいくつか補足的な事項を加えて、ここで「要約の方法」を整理しておきたい。

A〈命題の構造〉まず文章の「題目」と「問題」をつかみ、題目や問題に直接関わる「主要な叙述」、および題目や問題についての「結論」を読み取る。これらが主たる論点となる。

B〈抽象の構造〉文章全体の叙述を「抽象と具体」に読み分ける。抽象と具体の関係が段落の内部に存在する場合には、抽象的な叙述が段落の中心文となる。同様の関係が段落相互の間に見られる場合には、抽象的な段落の中心文に注目する。これらの中心文が論点となる。

C〈類同の構造〉文章の「基本語句（キーワード）」をつかむ。論点にはこの基本語句が必ず含まれる。また、論点が類同表現（類義文）をもつ場合には、最適の一つを選ぶか、または、複数の文を合成して簡潔な論点を作る。

D〈対立の構造〉対立関係そのものを題目とする場合、対立する二者およびその関係を語る命題は論点となる。その他の対立関係は、要約文の長さを考慮してその軽重を判断する。

E〈論点の表現〉論点の中に比喩、引用、古語、外国語などがある場合は、他の表現に合わせて言い換えを行なう。ただし、引用符で括って原文の表現をそのまま生かす場合もある。

F〈論点の結合〉取り出した論点を適宜接続語や指示語を補って結びつけ、字数を考慮しながら、意味のよく通る文章に整える。

要約の実際

最後に、比較的短い文章を取り上げて、要約の実例を示すことにする。選んだものは、吉川幸次郎「辞典の学」(一九六五年発表)である。(段落番号を付した。)

①辞典の学と注釈の学とは、状態と効用とを一にするように見える。実は必ずしもそうでない。

②辞典の対象とするものは、単語である。単語は概念の符牒であり、それゆえに意味内容を一定するように見える。果してそうなのか。よい人は善人である。お人よしは善人すぎる人である。よい男は美貌の男子をいうものとして、堅気《かたぎ》の男子にも用いられる。よい女は、美貌の女子をいうけれども、堅気の家の娘さんには用いられない。よい、ということの簡単な日本語が、いかなる他の語とむすびつくかによって、かくも意味を分裂させ、変化させる。辞典はその平均値をいい得るにすぎない。

③更にいえば、単語という現象は、辞典に現れるだけで、実在の言語の現象としては存在しないといえる。実在するのは、常に文章である。いくつかの単語がつづりあわされた文章、それのみが、口語としても、記載としても、実在である。そもそも実在ではない単語について、辞典のわり出す平均値は、いかに辞典家が努力しても、虚像であり、いずれの文章の中にある

その語の、価値の実像でもない。

④ことに文学の言語に対して、辞典は効用を乏しくする。文学は個性の表現であり、その言語は個性的である。常に著者の個性による新しい内容が充足されていなければならない。近ごろイギリスの批評家のだれかがいったように、煉瓦のようにわれわれの周辺にころがっている単語が、詩の中では黄金のように輝いて、新しく生きかえらねばならない。むろん辞典ののべる平均値と、それは無関係でない。しかし平均値プラスアルファーであり、アルファーが大きくかがやかねばならぬ。

⑤しづかさや岩にしみいる蟬の声。しみいるは日常語である。しかし芭蕉のこの句におけるそれは非凡である。また、しみいるの非凡によって、しづかさも、もはや普通のしづかさでない。もっとも密度の高いしづかさとなっている。それらはもはや辞典の追跡し得るところでは、完全にない。精緻な注釈の学のみが、能力をもつ。

⑥芭蕉の初案は、さびしさや岩にしみ込む蟬の声、また、さびしさの岩にしみ込む蟬の声、であったとされる。なぜ、さびしさが、しづかさに定着せねばならなかったか。shimiiru と shimikomu の差違、すべては美の力学に属する。辞典的な思考の解決し得るところでない。

⑦日本語の初歩を知る外国人ならば、和英辞書を引いて、しづかさは、stillness、さびしさは、tranquility、しみいる、もしくはしみこむは、to penetrate、岩は、rock、蟬は、cicada、声は、voice あるいは cry であることを、知るであろう。また日本文法書を検して、や、に、の、というテニヲハの、やはり平均値的な効用を知るであろう。しかしそれだけでこの句は解せない。

⑧宣長は、古今和歌集を口語に全訳した「遠鏡《とおかがみ》」の凡例のなかで、すべての人の語は、同じくいふことも、いひざまいきほひにしたがひて、深くも浅くも、をかしくもうれたくも聞こゆるわざにて、といった上、歌はことにそうであるという。かく、それぞれの文章と歌の、いひざま、いきほひを、精細に見分けて、語の深さ浅さ、をかしさうれたさを、正確につかむのが、宣長らの注釈の学であった。

⑨しかし明治の国学の興味は、別の方向にむかった。語の平均値を求める辞典の方向にむかった。あるいは、語源の穿鑿《せんさく》は重要でも必要でもないと、宣長が「古事記伝」でも「玉かつま」でも「うひ山ふみ」でも、丁寧に注意しているのとは反対に、それに力をそそぐ辞典もあった。むろん国語の辞典は、江戸の世にもあった。また漢語の辞典として、徂徠《そらい》の「訳文筌蹄《やくぶんせんてい》」、仁斎の子東涯の「操觚字訣《そうこじけつ》」、みな一種の漢和辞典である。しかし主力はそこになかった。

⑩かくて、明治の注釈の学は、おとろえた。精緻と迫力を失った。注釈の仕事は、必ずしも一流でない人が、辞典ののせる意味を、頭注するというのが、おおむねになった。辞典の進展は、注釈の学に寄与するように見えて、かえってその堕落をも招いた。

（吉川幸次郎『古典について』筑摩叢書、一九六六）

【内容の分析】最初に、「要約の方法」にしたがって内容を分析してみたい。

A**〈命題の構造〉**。この文章の「問題」は、「辞典の学と注釈の学はどう違うか」である。

これは、D**〈対立の構造〉**で述べた「対立関係そのものを問題とする文章」に当たる。したがって、「辞典の学とは何か」、「注釈の学とは何か」、「辞典の学と注釈の学はどう違うか」という問いに対して、広い意味でその答えを述べている箇所がこの文章の論点となる。

また、「題目」という観点から全体を概観すると、①は全体を覆う段落で「辞典と注釈」を扱い、②③は「辞典」、④⑤⑥⑦は「文学と辞典」ないしは「辞典の限界」、⑧は「注釈」、⑨⑩は「明治期の辞典と注釈」をそれぞれ扱っている。論点は、この五つのブロックごとに整理できる。

B〈**抽象の構造**〉。「抽象と具体の読み分け」で最も注目されるのは④〜⑦である。⑤⑥⑦の芭蕉の句は④の「文学の言語」の具体例であり、芭蕉の句の具体的考察は要約からは除外する。この考察中に見える抽象的見解と④の抽象的記述から、「文学の言語の理解には辞典は役に立たず、それができるのは注釈の学だけである」という本文章の中心的な命題が導かれる。

⑧では、「注釈の学」とは何かということを、江戸時代の宣長の学問によって説明している。段落の最後の「かく、それぞれの文章と歌の、いひざま、いきほひを、精緻に見分けて、語の深さ浅さ、をかしさうれたさを、正確につかむのが、宣長らの注釈の学であった」という一文が、宣長の学問のあり方を抽象しており、「注釈の学とは何か」に対する答えにもなっている。最重要の論点であるが、E〈**論点の表現**〉に記したように、古語は現代語に置き換える必要がある。

C〈**類同の構造**〉。この文章には次のような「基本語句」(キーワード)が見られる。

辞典・辞典の学、注釈・注釈の学、単語、実在、文章、平均値、虚像・実像、文学・歌、個性、宣長、江戸、「いひざま、いきほひ(→表現の仕方)」、「語の深さ浅さ、をかしさうれたさ(→ことばの微妙な意味・語感)」、明治、辞典の進展、(注釈の学の)おとろえ・堕落。

また、文の類同表現（類義文）としては、④段落の内部にａ「文学は個性の表現であり～」、ｂ「常に著者の個性による～」、ｃ「近ごろイギリスの批評家の～」の三文がある。この場合は、論点がａにあり、ｂｃがその説明であることは明瞭である。複数の段落にまたがる類義文としては、④「辞典は効用を乏しくする」、⑤「辞典の追跡し得るところでは、完全にない」、⑥「辞典的な思考の解決し得るところでない」がある。

［段落ごとの論点］ 右の分析に基づいて各段落の論点を取り出してみる。（ ）は論点の字数。

①辞典の学と注釈の学は、同じ状態と効用をもつように見えるが、実はそうではない。（38）
②辞典の対象は単語であるが、単語は他の単語との関係で意味を変化させ、辞典はその意味の平均値を示すにすぎない。（53）
③実在する言語現象は単語ではなく文章であり、したがって、辞典の示す単語の意味は虚像であって、文章中の語の価値の実像ではない。（61）
④文学は個性の表現であり、文学の個性的な言語に対して辞典の効用は乏しい。（35）
⑤文学の言語の非凡な意味を追跡できるのは、辞典ではなく、精緻な注釈の学だけである。（40）
⑥文学の言語には微妙な美の力学が働いており、それは辞典的な思考では解明できない。（39）
⑦日本語の初歩を知る外国人が辞書や文法書を調べても芭蕉の句は解せない。（34）
⑧江戸時代の本居宣長らの注釈の学では、ことばの意味は表現の仕方で微妙に変化すると考え、文章や和歌の表現の仕方を精細に見分けてことばの微妙な意味を正確につかもうとした。（82）

⑨しかし、明治の国学の興味は、語の意味の平均値を求める辞典の方向に向かった。(37)
⑩その結果、明治の注釈の学は辞典の意味を安易に利用するものとなって精緻と迫力を失い、辞典の進展が注釈の学の堕落を招いた。(59)

右の字数の合計は四七八字で、原文(約一六〇〇字)に対する縮小比率は約三〇%である。もう少し短縮するには、類同関係にある段落を統合して論点を整理しなければならない。

[論点の統合・整理]

A①……辞典の学と注釈の学では状態と効用が異なる。(21)

B②③……辞典が示すのは単語の意味の平均値であり、それは実在する文章における語の価値の実像ではない。(45)

C④⑤⑥⑦……文学の言語は個性的で美的であり、その意味を解明できるのは辞典ではなく精緻な注釈の学だけである。(47)

D⑧……江戸時代の本居宣長らの注釈の学は、文章や和歌の、表現の仕方の違いを精細に見分け、ことばの微妙な意味を正確につかもうとするものだった。(66)

E⑨⑩……明治時代になると国学の興味は辞典に向かい、注釈は辞典に依存する仕事になったため、辞典の進展によって注釈の学は堕落した。(59)


この段階で、合計字数は二三八字(原文の約十五%)になる。

五つの論点を結びつけ、全体をもう少し圧縮すると、次のような要約文ができあがる。

[要約例]（A～Eの符号を除いて二〇〇字）

A辞典の学と注釈の学は別種のものである。B辞典の学は単語の意味の平均値を求めるが、それは実在の文章にとっては虚像にすぎない。C特に文学の言語に対して辞典の効用は乏しく、その個性的な意味を解明できるのは注釈の学だけである。D江戸時代の注釈の学は、作品の表現の仕方を精細に見分けて、ことばの微妙な意味を正確につかむものだった。Eしかし、明治になると辞典に興味が向かい、注釈の学は辞典に依存する仕事になって衰退した。

要約には四つの構造がすべて関係するが、右の要約過程にも現れているように、特に重要なのが〈命題の構造〉と〈抽象の構造〉である。〈命題の構造〉は文章の全体を貫くものであり、また、文章の構成単位である段落は〈抽象の構造〉によって作られている。要約文を形成する「論点」は、このどちらの構造から見ても主要な叙述と言えるものでなければならない。

第十二章　帰納と演繹

文章表現における帰納と演繹

「帰納と演繹」は、〈抽象の構造〉の忠実な応用形式である。

我々の常識的理解では、「帰納」とは、具体的な諸事例からそれらに共通する一般的な命題を導くことを言い、「演繹」は、一般的な命題に基づいて具体的な問題に対する判断を下すことをいう。帰納法は具体から抽象に向かい、演繹法は抽象から具体に向かう。文章表現において表現主体（書き手・話し手）が何らかの確かな主張を行なおうとする場合、依拠し得る思考の形式はこのいずれかであると一般には考えられている。

ところで、現代の論理学が行なう帰納と演繹の規定は、このような常識的理解とは異なるものである。それは、例えば次のように説明される。

推論実践は大別して〈演繹〉と〈帰納〉に分類される。帰納的推論とは、狭く規定するならば、個別の諸事例から一般原理・法則への推論であるが、より広く規定するならば、前提―帰結関係が偶然的・蓋然的なものにとどまる推論である。演繹はこの広い意味において帰納と対置される。演繹は必ずしも一般から個別への推論には限定されない。なんであれ、前提と帰結の関係が必然的であるような推論は演繹と呼ばれる。

（『岩波 哲学・思想事典』一九九八、「演繹」の項、野矢茂樹執筆）

論理学でいう「推論」とは、前提から結論（帰結）を引き出す活動もしくはその過程を指す。「前提と帰結の関係が必然的である」とは、前提が正しければ必ず帰結も正しいと言える関係をいう。論理学では、こうした関係が成り立つ推論を広く「演繹（的推論）」と規定し、この関係が必ず成り立つとは言えない推論（つまり、前提が正しくても帰結が正しくないことがあり得る不確かな推論）を「帰納（的推論）」と規定している。

言い換えれば、我々が一般の文章表現で行なう「演繹」や「帰納」は、論理学が説く広い意味での規定とは異なり、むしろ右の引用文中の「狭く限定された規定」に相当する。

この後は、実際の文章表現の中に、狭い意味での「帰納」と「演繹」の実例を求めてみたい。

名詞としての「自然」

最初は「帰納法」による文章例である。次の文章では、辞書の記述を具体的事例として、そこから「自然」という語が名詞として使用される時期を帰納的に推論している。

この直前の箇所では、「自然」が、natureの翻訳語として、初めは名詞ではなく形容詞的に使用されていたことが、具体的に示されている。引用は、それに続く箇所である。

natureの翻訳の影響によって、「自然」が名詞として使われるようになるのは、明治二十年代以後のことである。

このことは、逆に、漢字、日本語の方を中心とした辞書で見るとよく分かる。たとえば、一八八八（明治二一）年に出た、高橋五郎の『漢英対照いろは辞典』によると、

しぜん（形副）自然　おのづから、おのづと、Natural, Naturally

となっている。当時の人々の「自然」ということばへの語感がよく分るであろう。だが、一八九一（明治二四）年になると、大槻文彦の『言海』では、

しぜん（名）自然　オノヅカラ然ルコト。天然

しぜんに（副）自然　オノヅカラ。天然ニ

となっている。また、一八九四（明治二七）年には、物集高見《もずめたかみ》の『日本大辞林』で、

しぜん　ナ。自然。おのづから。ひとりみづから。

とある。「ナ」すなわち名詞であるとしながら、「おのづから」という訳語はややずれているようである。が、このあたりに、「自然」すなわち名詞、という解釈の始まり頃の不安定なようすをうかがうことができよう。

こうして、この頃、「自然」がnatureの翻訳語となることによって、名詞とみなされるよう

になってきた、そのことばの動きがここに現われている、と考えられるのである。

（柳父章《やなぶあきら》『翻訳語成立事情』岩波新書、一九八二）

冒頭の〈「自然」が名詞として使われるようになるのは、明治二十年代以後のことである〉は、右の文章全体の命題である。これは、後の三つの辞書の記述から帰納的に推論されている。すなわち、①明治二十一年の辞書には、「自然」が形容詞・副詞として記述されていること、②明治二十四年の辞書では、「自然」が名詞として扱われていること、③明治二十七年の辞書では、品詞は名詞としながらも訳語には副詞的な記述が残っていること、の三つの事例から、「自然」を名詞として使用することは、明治二十年代に見られ、かつそれ以前には溯らない、という一般的な命題が導かれている。

「近江」を語る帰納法

次の文章は、白洲正子『近江山河抄』の、最初の章の一節である。（文番号を付した。）

①万葉時代に、すでに廃墟と化した志賀の都は、そのまま近江の国を象徴しているように見える。②律令制という、天智天皇の理想は、ここで発足したにも拘らず、完成したのは次の時代、飛鳥の京においてであった。③国分寺とその本尊の大仏が、創建されたのは紫香楽《しがらき》の宮だが、

実現したのは奈良の都である。④比叡山の源が、近江の日吉大社にあることも、一般にはあまり知られてはいない。⑤その日吉大社に伝わる近江申楽《さるがく》の特徴を、世阿弥は、大和申楽に吸収し、幽玄の理論を打建てた。⑥彼が残した申楽談議には、「近江には何某」と、面打の名をあげているが、やはり日吉大社に付属した工人であったろう。⑦木工を業とする木地師《きじし》は、湖東の君ケ畑を本拠とし、湖北の朽木《くつき》谷を経て諸国に普及した。⑧木工に付随する漆芸も、日野椀、朽木盆の名で知られているように、近江が産地と考えていい。⑨陶器に例をとっても、信楽《しがらき》の焼きものは、もっとも古い窯《かま》の一つに数えられるであろう。⑩信長も秀吉も、この国を押えることによって、日本全国を制覇したし、近頃はやりの忍者の集団も、鈴鹿の麓の甲賀から、伊賀へかけて発生し、地方の大名にやとわれて行った。⑪名だたる近江商人については、今さらいうまでもない。⑫琵琶湖の水が未だに京・大阪をうるおしているように、近江は日本文化の発祥の地といっても過言ではないと思う。

⑬そこには一種の寂しさも感じられる。⑭原産地がいつもそうであるように、奈良や京都に匹敵する文化も美術品もここには残ってはいない。⑮これは近江商人についてもいえることで、彼らの大部分は他の土地で活躍している。⑯前に私は「近江は日本の楽屋裏だ」と書いたことがあるが、簡単にいってしまえば、私の興味をひいたのもそのひと言につきる。

（白洲正子『近江山河抄』一九七四／講談社文芸文庫、一九九四）

近江は日本文化発祥の地であるが、繁栄の表舞台にはならなかった。

これが右の文章を統一する命題である。このような筆者の主張は、まず冒頭の①文によって暗示的に述べられている。そして、それに続く②〜⑯で、「具体的事例」と「抽象的叙述」の組み合わせによって、「近江の国」の特質が丁寧に語られていく。

②〜⑯について「抽象」と「具体」を読み分けてみると、抽象的叙述と認められるのは⑫⑬⑯の三文である。冒頭の①文の意味は、この三文によって語り直されていると言ってよい。すなわち、「近江の国」の特質は、「志賀の都」がそうであったように、まず⑫「日本文化発祥の地」という点にあった。しかし、長い歴史を通して繁栄の表舞台になったことはなく、あくまで⑯「日本の楽屋裏」という位置に留まってきた。したがって、そこには、①の「廃墟」に通じるような⑬「寂しさ」も漂っているのである。

残りの②〜⑪、⑭⑮が具体的記述である。②〜⑪の詳細な事例は、もちろん⑫「近江は日本文化の発祥の地といっても過言ではない」に収斂していくが、それだけではなく、近江が⑯「楽屋裏」である理由もまた、この②〜⑪の段階ですでに感じ取ることができる。そして、段落を変えた後の⑭⑮では、近江の⑯「楽屋裏」としての⑬「寂しさ」が改めて具体的に語られている。

十を超える具体的事例は、筆者の主張を導き出す根拠として不足はないだろう。「帰納法」という観点から見たとき、この文章は十分な周到さをもって書かれていると言える。

しかし、このことは必ずしも、筆者が「帰納法」という意識をもってこれを書いたことを意味するものではない。これらの事例は、単なる根拠として抽象的な結論に従属しているのではなく、一つ一つが自立した話題として丹念に読まれることを求めているように見える。むしろ、そうであるからこそこの文章は「帰納法」の優れた文章例として読める、と言ってもよいだろう。

子規の「古今集」

次の正岡子規の名高い評論も、その論理は「帰納法」である。（文番号を付した。）

①貫之は下手な歌よみにて『古今集』はくだらぬ集に有之《これあり》候。②その貫之や『古今集』を崇拝するは誠に気の知れぬことなどと申すものの、実はかく申す生《せい》も数年前までは『古今集』崇拝の一人にて候《そうら》ひしかば、今日世人が『古今集』を崇拝する気味合《きみあい》は能く存申《ぞんじもうし》候。③崇拝してゐる間は誠に歌といふものは優美にて『古今集』は殊にその粋を抜きたる者とのみ存候ひしも、三年の恋一朝にさめて見れば、あんな意気地《いくじ》のない女に今までばかされてをつた事かと、くやしくも腹立たしく相成《あいなり》候。④先づ『古今集』といふ書を取りて第一枚を開くと直ちに「去《こ》年《ぞ》とやいはん今年とやいはん」といふ歌が出て来る、実に呆れ返つた無趣味の歌に有之候。⑤日本人と外国人との合《あい》の子《こ》を日本人とや申さん外国人とや申さんとしやれたると同じ事にて、しやれにもならぬつまらぬ歌に候。⑥この外の歌とても大同小異にて駄洒落か理窟ッぽい者のみに有之候。

（正岡子規『歌よみに与ふる書』一八九八／岩波文庫、一九八三）

①の「『古今集』はくだらぬ集」の根拠は④〜⑥に示されている。子規の論の構造は、『古今集』

の歌をよく読んでみたところ、どれもこれも「無趣味の歌」「つまらぬ歌」「駄洒落」「理屈っぽい」ということが分かり、故に『古今集』は下らぬ和歌集であるという結論に達した、という風にできている。このような論の構造は「帰納法」そのものと言ってよい。

ただし、「三年の恋一朝にさめて見れば」とあるように、『古今集』の否定は突然の改心のように書かれており、実際に子規の結論が一首一首の吟味から帰納的に導かれたとは考えにくい。むしろ、詩人の直観が大胆な断定を生んだと解釈するのが妥当であろう。その直観的な結論に根拠を与えるために帰納法的な論法がとられた、というのが実際のところではないかと推測される。

帰納法の危うさ

このようにして帰納法の文章を探してくると、帰納法の典型例は予想外に少ないことに気付く。考えてみれば、「物価が上がった」という結論のために、異なる時期に、すべての物の値段を調べて比較するようなことを、人はまず行なわない。そのような比較は、通常の文章というより調査の統計的な処理になるだろう。もう一つ気付くことは、それにもかかわらず帰納法的な文章は至る所にある、ということである。つまり、二、三の具体例を挙げて、そこから高次の命題を抽象することを人は好んで行なう。青果店で大根が高くなり、鮮魚店で秋刀魚の値段が上がれば、たいていの人はこのごろ物価が高くなったと考える。

ここから我々は、文章を読むときの大事な教訓を得ることができるだろう。それは、具体例を根拠とする結論が直ちに正しい結論であるとは断言できない、ということである。提示された具体例から本当にその結論が引き出せるのか？　同じ問題について別の具体例はないのか？　その新たな具体例によって異なる結論が導かれる可能性はないのか？　帰納法による文章を読むとき、問題を正しく考え抜くためには、常にこのような批判的な問いをもつことが必要となる。

同様の自覚は、もちろん、文章を書く側にも求められる。ある具体例を根拠とする場合、その具体例から引き出せる以上の一般的な結論は真であることを保証されない。このことを、文章を書く者は常に自覚する必要がある。我々は、日常生活において一部商品の値上がりを見て物価全体の上昇という結論を導くように、特称判断（主語の一部についてのみ当てはまる判断）として語るべきことを、しばしば全称判断（主語の全体に当てはまる判断）として語っている。

演繹法の前提を作る帰納法

ここからは演繹法に移ることにするが、演繹法によって整然と展開された文章となると、帰納法以上に出会える機会は少ないようである。

もちろん、演繹法による問題解決が我々の生活から縁遠いというわけではない。例えば、数学の公式に従って問題を解く場合や、法律の条文に基づいて問題を処理する場合、あるいは辞書の一般的な語義に照らして文中の語句の意味を理解する場合など、演繹法の働く場面は我々の生活の中にもしばしば出現する。しかし、一般の文章が、数学の公式や法律の条文、辞書の記述などに依拠して書かれることは、おそらくそれほど多くはないだろう。
したがって、演繹法の文章を書くとなれば、まず前提とすべき「一般的な命題」を用意することから始めなければならない。一般的な命題は、では、どうすれば用意できるか。
例えば、演繹法の代表と見なされる三段論法は、しばしば次のような古風な例で説明される。

大前提　人間はみな死ぬ。
小前提　ソクラテスは人間である。
結　論　故に、ソクラテスも必ず死ぬ。

大前提の「人間はみな死ぬ」は、あまりにも当然と思われる命題である。しかし、これは、死んだ人間についての経験から得られた帰納的な命題であって、現に生きている人間が必ず死ぬかどうかは、本当は誰にも分からない。演繹法の前提となる命題は、このように帰納法によって導かれることが少なくないが、そこにはこうした帰納法の危うさも潜んでいる。

演繹法の前提となる図式

次の文章は、丸山真男「『である』ことと『する』こと」の一節である。ここでは、具体的な社会状況を演繹的に分析するために、まずその前提となる図式が作られる。(文番号を付した。)

①このように見てくると、債権は行使することによって債権でありうるというロジックは、

およそ近代社会の制度やモラル、ないしはものごとの判断の仕方を深く規定している「哲学」にまでひろげて考えられるでしょう。

②「プディングの味は食べてみなければわからない」という有名な言葉がありますが、プディングのなかに、いわばその「属性」として味が内在していると考えるか、それとも食べるという現実の行為を通じて、美味かどうかがそのつど検証されると考えるかは、およそ社会組織や人間関係や制度の価値を判定する際の二つの極を形成する考え方だと思います。③身分社会を打破し、概念実在論を唯名論に転回させ、あらゆるドグマを実験のふるいにかけ、政治・経済・文化などいろいろな領域で「先天的」に通用していた権威にたいして、現実的な機能と効用を「問う」近代精神のダイナミックスは、まさに右のような「である」論理・「である」価値から「する」論理・「する」価値への相対的な重点の移動によって生まれたものです。④もしハムレット時代の人間にとって“to be or not to be”が最大の問題であったとするならば、近代社会の人間はむしろ“to do or not to do”という問いがますます大きな関心事になってきたといえるでしょう。

⑤もちろん、「『である』こと」に基づく組織（たとえば血族関係とか、人種団体とか）や価値判断の仕方は将来ともなくなるわけではないし、「『する』こと」の原則があらゆる領域で無差別に謳歌されてよいものでもありません。⑥しかし、私たちはこういう二つの図式を想定することによって、そこから具体的な国の政治・経済その他さまざまの社会的領域での「民主化」の実質的な進展の程度とか、制度と思考習慣とのギャップとかいった事柄を測定する一つ

の基準を得ることができます。⑦それればかりでなく、たとえばある面でははなはだしく非近代的でありながら、他の面ではまたおそろしく過近代的でもある現代日本の問題を、反省する手がかりにもなるのではないでしょうか。

（丸山真男『日本の思想』岩波新書、一九六一）

これより前の箇所では、a債権という権利、b憲法の保障する自由と権利、c人間の自由一般、d民主主義という制度について、その精神や性格が語られ、これが右の①に引き継がれている。①で語られているのは、「債権」の論理は「権利」「自由」「民主主義」にも共通する論理であり、それは近代社会の根幹をなす論理として一般化できる、ということである。②によれば、その共通の論理とは、「その価値が、現実の行為を通じてそのつど検証される」というものであり、それは③で概念化されて〈「する」論理〉と名付けられる。同時に、そのような「現実の行為を通じてそのつど検証される価値」は〈「する」価値〉と呼ばれる。

③では、この「する」論理・価値の対極に「である」論理・価値が配されている。後者は、②によれば「価値が、属性として内在している」というものであり、それは③から、「身分社会」「概念実在論」「ドグマ」「先天的権威」などの論理・価値であることが分かる。

⑤では「である」論理・価値が必ずしも否定的なものとばかりは言えないことが留保的に述べられ、その上で、この「する」「である」の図式が社会分析の手段として相当に有効であることが⑥⑦で予告的に示されている。

こうした図式を用いて現実の対象を分析することは、演繹的な論法の典型である。『「である」こと『する』こと」全体のなかで、右の箇所は、そのような演繹法の前提となる図式を帰納的に導く段階として位置づけられる。ただし、ここで提示されている図式は、すべての社会現象を明快に分析できるほど万能のものではない。この点は、⑥「測定する一つの基準」、⑦「反省する手がかり」というやや控えめなことばにも現れている。

一般的命題の抽象と演繹法

次の文章（大野晋『日本語の源流を求めて』）では、まず帰納法によって一般的命題を抽象し、次にその命題に基づいて具体的問題に対する演繹的な推論を行なっている。（文番号を付した。）

①新しい食物や着物、道具が日本に到来すると、言葉の上でどんな現象が生じるものか。②それについて少しばかり例を挙げてみよう。

③たとえばタバコ、コンペイトー、パン、ボーロなどは、室町末期にポルトガル人が母国からキリスト教と一緒に日本に持ち込んだもので、ポルトガル語の tabaco、confeito、pão、bolo という単語が物と一緒に日本語に入った。④カッパ、サラサ、ジュバン、ビロード、ボタンも、ポルトガルから物が新しく輸入されると同時にポルトガル語 capa、saraça、gibão、veludo、botão が日本語に入った。

⑤また、koffie、soep、bier、kop、kampher、spuit、mes がオランダ語であることが分かれば、

コーヒー、ソップ（スープのこと）、ビール、コップ、カンフル（強心剤）、スポイト、メスがオランダから長崎の出島を通って日本中に広まったものであることが分かる。

⑥水田稲作は縄文時代の日本にはなかった。⑦ではどこから輸入されたのか。⑧韓国南部からとする説、あるいは揚子江下流からという説がある。⑨殊に揚子江下流地域にある河姆渡《かぼと》遺跡からは多量の稲粒が発掘され、それはBC五〇〇〇年とか七〇〇〇年のものであるという。⑩それが日本へ渡来したという説が有力視されている。⑪しかしすでに記したように、水稲の栽培にはそのための土地の設備が要る。⑫だから揚子江下流から最初に水田稲作が到来したのなら、揚子江下流のタンボ、シロ（泥）、アゼ、クロなどを表わす古代中国語が、一緒に日本語の中に入ったはずである。⑬しかし、タンボとかシロとかアゼとかクロとかいう言葉には、揚子江下流の古代語と一つも対応するものがない。⑭ところが二〇〇〇年前のタミル語の中に、その大部分が見出される。⑮それは何を意味するか。⑯まず実例を示して行くことにしよう。

（中略）

⑰ここに私は、水田稲作のための設備の単語、水田稲作で行なわれる労働の呼び方、その結果得られる食品の名称二一語を明らかにした。⑱未知の食物、着物が新しく輸入される時には、その原産地の名前がそのまま入ってくることは、ポルトガル、オランダと日本との接触の際の例を見れば明らかである。⑲同じ論法がここにも適用されるべきであろう。⑳水田稲作に関して中国の古代語は一つも日本語にかかわっていない。㉑考古学者は地理的な距離の近さを重く見て、文明は万事、朝鮮、中国からの輸入と思い込んでいるらしいが、この二一の単語はその

考えに反対を表明しているのではあるまいか。

（大野晋『日本語の源流を求めて』岩波新書、二〇〇七）

本文章の「題目」は「日本の水田稲作の起源」、「問題」の形に直せば、⑥⑦にあるように、「日本の水田稲作はどこから輸入されたか」ということである。大野晋は、この問題を、「日本語に残るタミル語起源の稲作用語」という視点から解明しようとした。

大前提となる一般的命題は⑱にある。すなわち、「未知の食物、着物が新しく輸入される時には、その原産地の名前がそのまま入ってくる」。そして、この命題は③④⑤の具体的現象から帰納的に導かれたものである。

小前提は、「日本の稲作用語」に関するものであるが、これは⑫⑬を経て、主に⑭と⑰に示されている。すなわち、「水田稲作の設備、労働、食品の名称二一語は、二〇〇〇年前のタミル語に対応する語がある」というものである。右の「中略」箇所には、二一の単語についてタミル語起源であることが詳しく分析・解説されている。

このような大前提と小前提から、筆者は、結論として「日本の水田稲作は南インドのタミルから輸入された」という判断を導いている。

また、水田稲作だけでなく、鉄と機織《はたおり》もタミルからの輸入であることを筆者は解明している。さらに、単語や文法の対応関係、係り結びの法則や五七五七七の韻律の存在、小正月の行事・死者の埋葬法の共通性など多数の根拠を挙げて、日本のヤマトコトバが古代タミル語の輸入によって成立したことを実証している。水田稲作についても、研究の中心は右の「中略」部分にあり、そこでは、古代タミル語と日本語を一つ一つ対応させる高度に綿密な作業が繰り広げられている。これらの成果を総合して考えると、稲作タミル起源説には相当な説得力があると思われてくる。

しかし、それにもかかわらず、右の論証過程には疑問の余地がないわけではない。改めて整理すると、論証は次のように組み立てられている。

大前提　未知の食物や着物がAから輸入されると、それらはAの名前で呼ばれる。

小前提　日本語の二十一の水田稲作用語はタミル語に対応する語がある。

結　論　日本の水田稲作はタミルから輸入された。

このうち、小前提は、筆者が精緻な比較研究によって立証したもので、この命題は真と認められる。したがって、結論を真とするためには大前提の内容が検討されなければならない。

大前提は③④⑤の具体的現象から帰納されているが、③④⑤から帰納できる命題は、正確には、「未知の食物や着物がAから輸入されると、それらはAの名前で呼ばれることが多い」という一種の特称判断（命題aとする）であって、「それらは必ずAの名前で呼ばれる」という全称判断ではない。

この命題aは、次のような命題を排除できない。

命題b　水田稲作がAから輸入されても、Aの水田稲作用語が使われないこともある。

命題c　Aの水田稲作用語が使われていても、水田稲作がAからの輸入でないこともある。

命題bに従うとき、右の⑬「タンボとかシロとかアゼとかクロとかいう言葉には、揚子江下流の古代語と一つも対応するものがない」という事実は、稲作の揚子江下流からの伝来を否定する根拠にはならない。また、命題cに拠れば、タミル語の水田稲作用語が使われていても、水田稲作がタミルからの輸入であると断定することはできない。

もちろん、この命題bやcによって、稲作タミル起源説が否定されるわけではない。すでに述べたように大野晋が収集した傍証は多方面にわたっており、それらの集積は依然としてこの説の正しさを裏付けているようにも見える。右に示したのは、③④⑤から帰納した命題を大前提とする場合には、小前提がどれだけ正確なものであっても、ただちに稲作タミル起源説を結論とすることはできない、という論理上の問題である。

右の文章は、「帰納法による一般的命題の抽象」と、その命題を前提とした「演繹法による具体的問題の解決」の二段階から成り立っている。この点で、これは、演繹法によって書かれた文章の典型であると言ってよい。それとともに、この文章は、演繹法の困難が、前提となる命題を帰納する段階にあることをよく示している。

第十三章　比　喩

直喩と類同化

「比喩」は、この後の「象徴」「類推」とともに、〈類同の構造〉を本質とする表現形式である。これらの表現形式では、表現を構成する二つの要素が類同関係に置かれている。

比喩として広く知られているのは、「直喩（シミリ）」「隠喩（メタファー）」「換喩（メトニミー）」の三つであり、ここでは、最初に、この三者について基本的な内容を検討しておきたい。

「直喩」は、一般には、隠喩とともに「類似性に基づく比喩」であると説明される。

直喩の代表的な形式は「AはBのようだ」と記述されるが、ここには二つの特徴を指摘できる。一つは、A（喩えられる対象）とB（喩えるもの）を「同じもの・同じようなもの」と見なして一括りにしていること、つまり、AとBを「類同化」していることである。二つ目は、AとBが「ようだ」によって結び付けられていることである。『レトリック事典』（大修館書店、二〇〇六）ではこのようなことばを「なぞらえ信号」と呼んでいる。

直喩とは、この二つの特徴をもつ表現形式であり、したがって、直喩は、「ある対象をなぞらえ信号を用いて別のものと類同化する表現」と説明することができる。

次の直喩の例では、①「ように」、②「というべき」がなぞらえ信号になっている。このほか、「と同じ」「に比すべき」「に似た」「くらいに」「を思わせる」などもこの信号として使われる。

①昼間見ると、その鴉が何羽となく輪を描いて、高い鴟尾《しび》のまわりを鳴きながら、飛びまわっている。ことに門の上の空が、夕焼けであかくなる時には、それが胡麻をまいたようにはっきり見えた。

（芥川龍之介「羅生門」岩波文庫）

②それからおれと同じ数学の教師に堀田《ほった》というのがいた。これはたくましい毬栗坊主で、叡山の悪僧というべき面構えである。

（夏目漱石『坊っちゃん』角川文庫）

右の場合、それぞれ次のA（喩えられる対象）がB（喩えるもの）に類同化されている。

①A「羅生門の上を飛び回る鴉の様子」　B「胡麻をまいた様子」

②A「堀田という教師の面構え」　B「比叡山延暦寺の悪僧の面構え」

さて、直喩が「なぞらえ信号を用いた類同化表現」であることにより、この表現形式は、極端に言えばどのようなものでも比喩にすることができる。すなわち、直喩を構成する二者には、a「誰が見てもよく似ているもの」からb「普通は似ているとは言わないもの」まで、さまざまな取り合わせが可能である。これは、隠喩にはない直喩だけの特性と言える。

佐藤信夫『レトリック感覚』は、この点に関して、次のように述べている。(文中の「美しい蛭のような唇」という直喩は、川端康成の『雪国』から採られている。)

《直喩》や、次章の主題である《隠喩》は、《ふたつのものごとの類似性にもとづく》表現である、というのが古典レトリックの定説であった。しかも、現代的なレトリック理論でも、この考えかたはつねに認められている。けれども、ここで私はそれを逆転させ、類似性にもとづいて直喩が成立するのではなく、逆に、《直喩によって類似性が成立する》のだと、言いかえてみたい。「美しい蛭のような唇」という直喩によってヒルとくちびるとは互いに似ているのだという見かたが、著者から読者へ要求されるのである。

(佐藤信夫『レトリック感覚』一九七八/講談社学術文庫、一九九二)

a「誰が見てもよく似ているもの」から直喩ができている場合には、「類似性にもとづいて直喩が成立する」と言えるだろう。例えば右に挙げた①②のような場合である。一方、「美しい蛭のような唇」の場合、つまり、b「普通は似ているとは言わないもの」が直喩を構成している場合、「直喩によって類似性が成立する」という説明の方が確かに納得しやすい。

本書では、先に述べたように、直喩の本質を「なぞらえ信号を用いた類同化」と見ている。このように見る場合、結合される二者は右のａ（よく似ているもの）、ｂ（似ているとは言わないもの）のどちらであっても構わない。つまり、「ある対象をなぞらえ信号を用いて別のものと類同化する表現」という説明は、直喩に関する一般性のある規定であると考えられる。

直喩のもう一つの問題は、「直喩は何のためのものか」ということだろう。ａでは、似ているものを似ていると表現し、ｂでは、普通は似ているとは言わないものを似ていると言う。しかし、もちろん、これが直喩の目的ではない。これが目的なら、端的にそのように述べれば済む。

直喩の最初の説明に戻れば、「ＡはＢのようだ」という表現は、「ＡをなぞらえＤ信号を用いてＢと類同化する表現」であった。つまり、これは、ＡとＢの類似性を述べる形式ではなく、ＡについてＢとの類似性を述べる形式である。こうした形式であるため、この直喩によって、ＡのもつＢ的な特質が焦点化され、さらにはその特質が強調されたり誇張されたりする。その結果、Ａは、単にＡと述べるときよりも豊かな（ときにははるかに豊かな）イメージをもつ表現となる。

しかし、直喩のもつ表現効果はこれに留まるものではない。ＡをＢと類同化することは、ＡのもつＢ的な特質に焦点を当てるだけでなく、ＡにはないＢの特質をＡに付加することにもなり得る。つまり、「ＡはＢのようだ」と述べることによって、ＡはＢの方に引き寄せられ、その結果、Ａは、本来なかったＢ的な意味やイメージを帯びるようにもなる。

例えば、「美しい蛭のような唇」は、佐藤の指摘するように、蛭と唇が似ているという新しい認識を読者にもたらす。しかし、直喩の本来の目的はこうした類似性の指摘にあるのではない。この直喩はあくまで「唇」についての表現であり、この表現によって、唇のもつ「蛭」的な性格が焦点化され、強調され、誇張されるとともに、本来の唇にはない「蛭」的な特質が「唇」に対して付加されることにもなる。

このように、「AはBのようだ」という直喩は、AのもつBとの類似性を引き出し、その点を強調する表現であるとともに、AにはないBの特質をAに付加する表現でもあると言える。

隠喩と文脈

「隠喩」は、通常、直喩と同様に「類似性に基づく比喩」とされ、形式上は、直喩から「なぞらえ信号」を取り去ったものと見ることができる。直喩に倣って本書の用語を用いて説明するなら、隠喩とは、「ある対象をなぞらえ信号を用いずに別のものと類同化する表現」であると言える。

直喩から隠喩への変形には二つの段階が考えられる。先に参照した『レトリック事典』は、これについて以下のように説明している。

①この少年は猿のように機敏である。
②この少年は機敏な猿だ。
③そのとき、機敏な猿の姿が目に入った。

①は「ように」という「なぞらえ信号」を含んだ直喩である。そのなぞらえ信号を外した②は

隠喩だが、譬えるもの（猿）と譬えられるもの（少年）の双方が呈示されている。これが現前の隠喩である。③になると、譬えられるものとしての「少年」は言葉の上からは消えてしまい、譬えるものだけしか呈示されていない。これが不在の隠喩であり、真に隠喩らしい隠喩と見られる。

（『レトリック事典』大修館書店、「隠喩」の項、佐々木健一執筆）

右の①～③は、「喩えられるもの」をA、「喩えるもの」をBとすると、次のような一般的な形に直すことができる。

①直喩……AはBのようだ。　②現前の隠喩……AはBだ。　③不在の隠喩……Bだ。

真に隠喩らしい隠喩とされる「不在の隠喩」の場合にも、BがAを意味すること、つまりBとAの類同関係が読者（や聞き手）に理解されなければならない。それは、直喩の場合、明示されたAとB、および両者をつなぐなぞらえ信号によって保証されていた。Aもなく、なぞらえ信号もない不在の隠喩の場合、BとAの類同関係の理解は「文脈」を手がかりにするほかはない。

「文脈」には、aあることばが同じ文章内の他の語句や文と整合性をもってつながっているという意味での文脈と、bあることばが当該の文章を超えて他のことばや事柄と結びついているという意味での文脈の、二種類が考えられる。ここでは、aを「内的な文脈」、bを「外的な文脈」と呼ぶことにする。ことばの辞書的な意味は個別の文章を超えるものであり、これも外的な文脈の一つとなる。また、aは文章から読み取れる「顕在的な文脈」、bは文章には現れていない「潜在的な文脈」と言うこともできる。

不在の隠喩の場合、「喩えるもの」Bと「喩えられるもの」Aの類同性は、こうした内外の文脈によって保証される。逆に言えば、文脈の支えのないところでは不在の隠喩は成立し得ない。そのため、隠喩として表現できるものは、直喩の場合に比べてかなり限定されることになる。

不在の隠喩とは、次のようなものである。

③学校まではこれから四丁だ。わけはないとあるきだすと、向うから狸が来た。（中略）すれ違った時おれの顔を見たから、ちょっと挨拶をした。すると狸はあなたはきょうは宿直ではなかったですかねえとまじめくさって聞いた。

（夏目漱石『坊っちゃん』角川文庫）

④そうして、附加えて言うことに、袁傪《えんさん》が嶺南からの帰途には決してこの途《みち》を通らないで欲しい、その時には自分が酔っていて故人《とも》を認めずに襲いかかるかも知れないから。

（中島敦「山月記」講談社文庫）

③の「狸」とは「坊っちゃん」の勤める中学校の校長を指す。狸Bを校長Aの隠喩として成立させる文脈は、まず、「校長は薄髯のある、色の黒い、目の大きな狸のような男である」という直喩（第二章）に始まる。この後にもう一箇所直喩があり、第三章以後は単に「狸」という隠喩で校長は呼ばれる。つまり、この隠喩は、小説の「内的文脈」に支えられている。

ここで大事なことは、「狸」は校長の単なる言い換えではない、ということである。隠喩の場合も、直喩と同様、喩えられるAには喩えるBのイメージが付加される。「狸」と言われた校長は、容貌や動作も含めて狸的な存在として表現されることになる。

④の「酔う」の原義は「酒を飲んで、精神・行動がふだんと違ってくる」（旺文社国語辞典）であり、これがこの語の外的文脈となる。しかし、作品の内的文脈によって「飲酒」は排除されるため、ここでは、「精神・行動がふだんとは違ってくる」だけが生きることになる。また、読者は、内的な文脈によってここでの「自分」が虎になった「李徴」であることも知っている。このような外的・内的文脈によって、「酔っていて」は「人間の心を忘れて完全に虎になっていて」という意味であると理解される。

言うまでもなく「酔う」は人間の行なう行為である。あえて「酔う」を用いることには、虎になるのは「人間としての自分」であるという李徴の悲痛な思いが込められていると言える。

隠喩に限らず、比喩は、比喩によってしか表現できないことを表現しようとする。隠喩Bが表現するものは単なるAではなく、「A＋α」であり、隠喩は「α」を含めて理解する必要がある。

換喩という代用表現

三つ目の比喩は「換喩」である。換喩とは、対象を直接名指さずに「それと関係の深いもの」で表現する表現法をいう。短く定義すれば「関係の深いものを用いた代用表現」が換喩である。

換喩の二要素にＡＢの記号を割り振ると、言い換えられる対象＝喩えられるものA、それと関係の深い代用表現＝喩えるものB、となる。
辞書には次のような換喩の例が見られる。ABの記号を付けて示す。

A「アメリカ合衆国政府」をB「ホワイトハウス」という。(『旺文社国語辞典』)
B「お膳」「お椀」がそれぞれA「食事」「汁物」を表わす。(『新明解国語辞典』)
B「金バッジ」でA「国会議員」を表す。(『大辞林』)

Bの換喩が用いられるとき、Aは表現されない。この点で換喩の構造は「不在の隠喩」と同じである。どちらの場合も、B(隠喩・換喩)はA(喩えられるもの)の別称として用いられる。

隠喩と換喩の違いは次のように説明できる。まず、隠喩の場合、AとBの類同関係は、AをBと「類同化」することによって成立する。これに対して、換喩の場合は、換喩以前に成立していた関係を利用することで類同関係が作られる。つまり、隠喩の関係が類同化に基づくのに対して、換喩の関係は類同化を伴わずに成立する。譬えて言えば、隠喩Bは、どれほど似ていてもAとは「他人」であるが、換喩Bは、はじめからAとは「身内」の関係にある。

さて、換喩においてBがAを指すと認定できるのは、不在の隠喩と同様、文脈の力による。以下、具体例によってこの点を確認しておきたい。

⑤君釣に行きませんかと赤シャツがおれに聞いた。赤シャツは気味のわるいように優しい声

を出す男である。

（夏目漱石『坊っちゃん』角川文庫）

⑥すると右隣にいる博物が「生徒がわるいことも、わるいが、あまり厳重な罰などをするとかえって反動を起こしていけないでしょう。やっぱり教頭のおっしゃるとおり、寛《かん》なほうに賛成します」と弱いことを言った。左隣の漢学は穏便説に賛成と言った。歴史も教頭と同説だと言った。いまいましい、たいていのものは赤シャツ党だ。

（同『坊っちゃん』）

⑤の「赤シャツ」は、「坊っちゃん」が勤める中学校の教頭のことである。『坊っちゃん』の第二章には、「この男は年が年中赤シャツを着るんだそうだ」とあり、こうした記述とのつながり（内的文脈）によって「赤シャツ」は「教頭」の換喩として通用することになる。この場合、換喩となる「対象と関係の深いもの」は、「その人物が身に着けている衣類」であり、これは『グリム童話』の「赤ずきん」と同じである。ただし、一方は愛称であり、他方は蔑称に近い。

⑥は、「坊っちゃん」の寝床にバッタを入れた生徒たちの処分を、職員会議で議論している場面である。職員会議という内的文脈から、「博物」「漢学」「歴史」がその教科の教師であることは容易に理解できる。教科名で呼ぶことにより、これらの教師は担当教科以外には差異のない同類の存在として符号化される。この符号化は後の「たいていのものは赤シャツ党だ」に直結する。

さて、以上は語句や文レベルでの比喩であったが、本章の後半では、これよりも広い範囲にわたる比喩ないしは比喩的表現を取り上げてみたい。これを仮に「文章レベルの比喩」と名付ける。

情景描写の比喩性

文章レベルの比喩としてよく知られているのは、「たとえ話」や「寓話」に用いられる諷喩（アレゴリー）である。寓話とは、「イソップ物語」のように、何らかの教訓や風刺を動物などに託して語っている物語をいう。たとえ話や寓話を構成する比喩が諷喩であり、諷喩は「教訓や風刺＝喩えられるもの」、「話の本文＝喩えるもの」という構造をもっている。

しかし、ここでは、諷喩以外の文章レベルの比喩と考えられるものを取り上げてみたい。

最初は情景描写が比喩として機能する場合である。例として、よく知られた「羅生門」（芥川龍之介）の一節を引用する。

前にも書いたように、当時京都の町は一通りならず衰微していた。今この下人が、長年、使われていた主人から、暇を出されたのも、実はこの衰微の小さな余波にほかならない。だから「下人が雨やみを待っていた」と言うよりも、「雨にふりこめられた下人が、行き所がなくて、途方にくれていた」と言うほうが、適当である。その上、きょうの空模様も少なからず、この平安朝の下人のSentimentalisme《サンチマンタリスム》に影響した。申《さる》の刻下がりから降りだした雨は、いまだに上がるけしきがない。そこで、下人は、何をおいてもさし当たりあすの暮らしをどうにかしようとして――言わばどうにもならない事を、どうにかしようとして、とりとめもない考えをたどりながら、さっきから朱雀大路にふる雨の音を、聞くともなく聞いていたのである。（第一段落）

雨は、羅生門をつつんで、遠くから、ざあっと言う音をあつめて来る。夕やみは次第に空を低くして、見上げると、門の屋根が、斜めにつき出した甍の先に、重たくうす暗い雲をささえている。（第二段落）

（芥川龍之介「羅生門」岩波文庫）

第一段落は下人の状況とその内面を語り、第二段落は門から見える情景を描写している。二つが連続するとき、情景は単なる情景にとどまらず人物についての比喩にもなる。すなわち、羅生門を包む雨と迫り来る夕闇は、行き場を失った下人の閉塞状況を強く印象づけ、重たくうす暗い雲は下人の陰鬱な心そのもののように感じられる。

このように情景描写が何かの（特に人の心の）比喩になることは、実は近代の小説に始まったことではない。例えば、『万葉集』には次のような歌がある。（88、264は和歌集の中の歌番号。）

①88　秋の田の穂の上《うえ》に霧《き》らふ朝霞いつへの方に我《あ》が恋やまむ　磐姫皇后《いわのひめ》

②264　もののふの八十宇治川の網代木《あじろぎ》にいさよふ波の行くへ知らずも　柿本人麻呂

（『新日本古典文学大系1　萬葉集一』岩波書店、一九九九）

①では「秋の田の稲穂の上に立ちこめる朝霧」という情景が、「私の心を離れない恋の思い」の比喩（現前の隠喩）になっている。「あの朝霧のように、いつになったら私の恋は消えるのだろうか」という気持ちである。

②ではまず、「宇治川の網代木に流れがぶつかり、次々に行方の定まらない波ができる」という情景がある。歌はそうした宇治川の情景をそのまま詠んだともとれる。しかし、この情景には、これから世の中はどうなるのか、あるいは我が身はどうなるのか、という不安な思いが投影されていると読むこともできる。こう読むとき、歌の情景は人の心を比喩した不在の隠喩となる。

話題の相互比喩性

次に、小川洋子『博士の愛した数式』に見られる文章レベルの比喩を取り上げてみたい。この小説では、三つの話題が相互に比喩として働いている。

小説の主な登場人物は、交通事故の後遺症により八十分で記憶がリセットされてしまう数学者（博士）、そこに派遣されることになった未婚の母である家政婦、その息子で博士から「ルート」と呼ばれて可愛がられる十歳の小学生の三人である。作品の話題（ストーリー）の中心は、この三人が作り出す温かく切ないａ「人間の物語」であり、そこに第二の話題としてｂ「数学、特に素数」が関係し、さらに第三項としてｃ「野球の阪神タイガース、特に江夏豊」が加わる。

引用文の①は博士の愛した「オイラーの公式 $e^{\pi i}+1=0$」の説明であるが、ここではｂ「数式」がａ「人間の関係」に喩えられている。また②③では、a「人間の思いや振る舞い」を語るのにb「数」を比喩として用いている。なお、②の「彼」は博士を指す。

物語は家政婦である「私」の語りによって進行する。

①πとiを掛け合わせた数でeを累乗し、1を足すと0になる。

私はもう一度博士のメモを見直した。果ての果てまで循環する数と、決して正体を見せない虚ろな数が、簡潔な軌跡を描き、一点に着地する。どこにも円は登場しないのに、予期せぬ宙からπがeの元に舞い下り、恥ずかしがり屋のiと握手をする。彼らは身を寄せ合い、じっと息をひそめているのだが、一人の人間が1つだけ足し算をした途端、何の前触れもなく世界が転換する。すべてが0に抱き留められる。

オイラーの公式は暗闇に光る一筋の流星だった。暗黒の洞窟に刻まれた詩の一行だった。そこに込められた美しさに打たれながら、私はメモ用紙を定期入れに仕舞った。（7章）

②彼はルートを素数と同じように扱った。素数がすべての自然数を成り立たせる素《もと》になっているように、子供を自分たち大人にとって必要不可欠な原子と考えた。自分が今ここに存在できるのは、子供たちのおかげだと信じていた。（7章）

③プレゼントを贈るのは苦手でも、もらうことについては博士は素晴らしい才能の持ち主

だった。ルートが江夏カードを手渡した時の博士の表情を、きっと私たちは生涯忘れないだろう。（中略）

博士はリボンを解き、しばらくカードを見つめ、一度何か言おうとして顔を上げるが、ただ唇を震わせるだけで何も語らず、まるでそれがルート自身であるかのように、あるいは素数そのものであるかのように、いとおしくカードを胸に抱き寄せた。（11章）

（①〜③小川洋子『博士の愛した数式』二〇〇三／新潮文庫、二〇〇五）

このような「人間」と「数学」の相互比喩性が最も鮮やかに示されるのは、a「博士」とb「素数」の関係においてである。素数は、存在の純粋性と孤絶性において、博士のようであり、博士は素数のようであった。そして、両者のもつこの二つの特性は、作品のもう一つの要素であるc「阪神の江夏」が体現していたものでもあった。このように、この作品では、類同関係に置かれた三者が互いに他のものの比喩になるように語られている。

重層する比喩

『博士の愛した数式』の相互比喩的な世界は作者の創作であるが、同種の関係は、我々の日常の世界においても、ときには意識的に、ときには無意識のうちに作られているのではないか。そう思わせるのが、次に示す「アスフォデロの野をわたって」というエッセイである。

著者の須賀敦子（一九二九～一九九八）はイタリア文学者で、日本文学とイタリア文学の双方向の翻訳を続け、晩年には、人生の途上における出会いを回想してエッセイの名品を残した。

須賀はイタリアで、ペッピーノと呼ばれるイタリア人と結婚するが、健康に不安を抱えていた夫は四十一歳で急逝する。五年半の結婚生活であった。亡くなる前年の夏、二人は若い友人のロサリオたちと休暇を過ごし、ある日、ギリシア時代にポセイドニアと呼ばれていたペストゥムの遺跡を見に出かける。「アスフォデロの野をわたって」で須賀は、三十年近い月日を隔ててその時の小さな出来事を回想している。なお、以下の引用文の①と②の間には約一年の時間の経過がある。

①ペストゥムの遺跡の夏枯れの野に、私はひとり立っていた。着いて車を降りると、なんとなくみながそれぞれの方向に散ってしまったのだった。ゆっくりと傾きはじめた太陽がふいに速度をはやめて森のむこうの海に沈む時間で、オレンジをしぼったような光が、ふたつの神殿のうち他を圧して一段と高くみえるポセイドンの神殿をすっぽりと包み、言葉を失って立ちつくす私も同じ柑橘類の色に染まっていた。（中略）
太陽が沈み、光の矢が海の方向をさして疾走するなかを、私は有刺鉄線に沿って歩きはじめた。みんなのところに行こう。それにしてもペッピーノはどこに行ってしまったのだろう。野原といっても、地面のあちこちに大小の建物の台石が残っていて、気をつけて歩かないと足をとられそうだった。小高いところには葭《あし》の群生があって、すこしまえから吹きはじめた風に青みがかった葉先がなびいていた。

大きな大理石のかたまりの上によじのぼって、ロサリオはエレナと海を見ていた。ペッピーノは？　と訊くと、なんだ、いっしょじゃなかったのか、という。変だな、どこへ行ったんだろう。

なんでもないロサリオの返事が、ずっと私のなかでくすぼっていた不安をぼっと燃え上がらせ、どうすればそこから抜け出せるのかもわからないまま、私はぼんやりとあたりを見まわした。

なんの関連もなく、私の好きな「オデュッセイア」の一節があたまに浮かんだ。

アキレウスは、アスフォデロの野を
どんどん横切って行ってしまった

オデュッセウスが死者の国をおとずれて、かつて共にトロイで戦った勇者アキレウスに出会い、彼の壮絶な最期をたたえると、アキレウスは憂鬱そうに答える。ぼくの死を讃えないでくれ。英雄として死に、死者のたましいを支配するよりは、どこかで百姓にでもなって土を耕しているほうがずっとましだ。そのあと、乞われるままオデュッセウスが彼の息子の消息をつたえると、アキレウスは別れを惜しむのでもなく、さっさと歩き去ってしまうのだ。

（中略）

ほんの短い時間、ペッピーノの姿が見えなくなったことが、いったいどうしたというのだろう。そんな顔しないでよ、どうせその辺にいるんだから、とロサリオがあわてたぐらい私はとりみだし、星がまたたきはじめた空の下を、いわれのない不安に追われるようにして、廃墟に散らばる大小の石に足をとられながら、失くしものを探す子供のように、私は彼を探し歩いた。

②それからまた三ヶ月経つか経たないうちにペッピーノが死んだ。ひと月まえから肋膜炎で床についていたのだったが、その病名を知ったときから、私は夜も昼も、坂道をブレーキのきかない自転車で転げ降りていくような彼をどうやってせきとめるか、そのことしか考えなかった。

死に抗って、死の手から彼をひきはなそうとして疲れはてている私を残して、あの初夏の夜、もっと疲れはてた彼は、声もかけないでひとり行ってしまった。

がらんとしてしまったムジェッロ街の部屋で朝、目がさめて、白さばかりが目立つ壁をぼんやり眺めていると、暮れはてたペストゥムの野でどこかに行ってしまったペッピーノを、石につまずきながら探し歩いている自分が見えるような気のすることがあった。

（須賀敦子『ヴェネツィアの宿』一九九三／白水社、二〇〇一）

ここには、「オレンジをしぼったような光」（直喩）や、「光の矢が海の方向をさして疾走する」（隠喩）などのように、鮮やかな比喩表現がいくつも見られる。しかし、それ以上に強く印象に残るのは、文章全体が大きな比喩によって構成されていることである。

その比喩は四つの層（ＥＦＧＨとする）から成り立っている。はじめの三層は次の通りである。

Ｅ＝ペストゥムの遺跡でペッピーノを見失い、不安に駆られながらその姿を探したこと。

F＝アキレウスが別れを惜しむのでもなく、アスフォデロの野を横切って去って行ったこと。

G＝翌年の初夏の夜、ペッピーノが私を残して、声もかけずにひとりで死んでしまったこと。

Fについて、本文には「なんの関連もなく、あたまに浮かんだ」とあるが、ここは、Eの出来事によってそれと類似するFが想起されたと読むのが自然だろう。ペッピーノは、まるでアキレウスのように姿を消してしまったのだ。この場面でFは、Eに対する比喩として立ち現れている。

Gでペッピーノが亡くなったとき、Fは再び「私」の意識に現れる。アキレウスがオデュッセウスとの別れを惜しむのでもなく歩き去ったように、ペッピーノは、「私を残して」、「声もかけないでひとり行ってしまった」のであった。こうして、約一年後にFは新たにGの比喩になった。

最後の段落には、朝の目覚めの中で、亡くなったペッピーノを追憶する「私」の姿がある。これが四層目のHとなる。このとき、「私」の意識の中に、ペッピーノを探し歩いたペストゥムでの出来事Eが浮かんでくる。ここで、EとHは相互に比喩となる。また、Eの出来事は、ペッピーノが亡くなった後では、あらかじめ経験された彼の死であったようにも見える。そう見えるとき、EとGも互いに比喩の関係にある。

筆者は、四つの記憶が重なるこの文章に、Fに由来する「アスフォデロの野をわたって」という題名を付けた。四つの中でFは最も古層にある記憶であり、他はこのFの変奏と言えるかもしれない。四つの層は、「行ってしまう者」があり「残される者」がいるという関係において、そして、その関係が引き起こす「残された者」の無力感と悲哀の念において、共通している。

比喩の原形

最後に、右のEからFへの移行についてもう一度注目しておきたい。「オデュッセイア」の一節は、ペッピーノがいなくなったとき、「なんの関連もなく、あたまに浮かんだ」と「私」には思われている。そうだとすれば、EとFの類同化は、意識の水準よりももっと深い所で発生したものだったと言わなければならない。

おそらく本文のこの箇所は、比喩というものの成立する原初の仕組みを語っている。比喩は、表現効果を狙った意識的な行為として成立することもある（芥川の場合はそうだろう）が、比喩のうちのあるものは、意識以前の連想作用にその淵源をもっている。須賀の「あたま」のどこかで、「視界から消えたペッピーノ」が「立ち去っていくアキレウス」を引き寄せたとき、「オデュッセイア」の一節は、あたかも何の関連もないかのように意識の表に浮上したのであった。

この連想作用は、最も原初的な類同化であり、したがって比喩の原形であると考えられる。それは、あるものに対して、一瞬のうちに他のものを「同じもの」として想起する精神作用である。

第十四章　象　徴

象徴の語義と構造

「象徴」も〈類同の構造〉を本質とする表現形式である。

象徴は、一般には、「ある抽象的な内容を具体的なものによって表現すること」、ないしは「その表現における具体的なもの」と考えられている。このとき、「象徴される抽象的な内容」と「象徴する具体的なもの」が類同関係になる。ただし、この場合の「抽象的な内容」はやや広義であり、人間の気持ちや気分、ものごとの意味など、「目に見える形を取らないもの」を広く含む。

「象徴」について、辞書には次のように記されている。

> 直接的に知覚できない概念・意味・価値などを、それを連想させる具体的事物や感覚的形象によって間接的に表現すること。また、その表現に用いられたもの。例えば、ハトで平和を、王冠で王位を、白で純潔を表現する類。
>
> （三省堂『大辞林』第二版）

抽象的な概念を、具体的な事例や形で表現すること。また、その表現したもの。シンボル。「鳩は平和の象徴だ」「象徴派の詩人」。

（『旺文社国語辞典』第十版）

「象徴」の語義については次の二点を補足しておきたい。

一つ目は、「象徴される抽象的な内容」Aと「象徴する具体的なもの」Bとの関係である。例えば、ハトは、これを分類学的に抽象していけば、ハト→鳥類→脊椎動物→動物→生物となるが、言うまでもなく「平和」がこの抽象の階梯のどこかに位置するわけではない。つまり、象徴における「具体的なもの」と「抽象的なもの」は、抽象化による具体と抽象の関係にはない。象徴の場合、この二者は〈抽象の構造〉ではなく〈類同の構造〉によって関係し合っている。

二つ目は、象徴と換喩の違いである。

前章で述べたように、換喩は、「喩えられるもの」Aを「それと関係の深いもの」Bで表現する表現法である。一方、象徴の場合も、「象徴されるもの」Aは「象徴（象徴するもの）」Bと深い関係でつながっている。違いは、換喩のA（喩えられるもの）が具体的な実体であるのに対して、象徴のA（象徴されるもの）は何らかの抽象的な内容であるという点に求められる。

例えば、『坊っちゃん』の「赤シャツ」（換喩）は「教頭」という具体的人物の代用表現であった。これに対して、「赤シャツは教頭を象徴している」という表現が成り立つとすれば、「赤シャツ」（象徴）は、「教頭の人格や人柄（例えば、情熱家、熱血漢など）」という抽象的な内容を象徴することになる。同様に、右の辞書の例では、「王冠」も、換喩にも象徴にもなり得る。「王冠が登場した」と言えば「王冠」は換喩であって「王自身」を表す。一方、「王冠を誰が継承するか」とあれば、「王冠」は「王位」という抽象的なものの象徴となる。

一般的な象徴

右の辞書では、「象徴」の一般的な定義のあとに、その具体例として「ハト（鳩）」「王冠」「白」を挙げている。こうした記述は多くの国語辞典に共通するが、「鳩」「王冠」「白」などは、後に述べる「慣習的に固定化された」特殊な象徴であって、一般的な象徴ではない。

通常の文章に見られる「一般的な象徴」では、以下のように、「象徴する具体的なもの」Bと「象徴される抽象的な内容」Aが、「象徴」ないし「象徴的」ということばで結び付けられている。

①万葉時代に、すでに廃墟と化した志賀の都は、そのまま近江の国を象徴しているように見える。

（白洲正子『近江山河抄』一九七四／講談社文芸文庫、一九九四）

②明治文明のきめの荒さ、その一つの象徴となるのは、この時代におこったところの、あるいはこの時代にはじまるところの、万葉集の一方的な尊重、またそれと反比例して、古今集の一方的な軽視である。

（吉川幸次郎『古典について』筑摩叢書、一九六六）

③僕は小さい時から、自分が遙か彼方へ行くことを夢みていた。東京の西郊にあった僕の生れた家の二階の西側の窓からは、浄水場の土手の上の樫の木が遠くに一本みえていた。夕方、赤く焼けた空の中に、この孤木は、小さく黒く立っていた。これは僕にとって、遙か彼方にあるものの象徴だった。

（森有正『バビロンの流れのほとりにて』筑摩書房、一九六八）

④Aさん夫妻の子ども中心主義は、本当の意味では、子ども中心ではなかったのである。両親が考える子ども中心ということを、子どもに押しつけていただけであった。

Aさんの長男が万引きをしたことは、極めて象徴的に感じられる。いつも親から与えられていることに満足できず、何かそこに足りないものを自分の力で――まちがった方法だが――つかみとろうとしたのではないか、と思われるからである。Aさんは子どものために、あれもしてやった、これもしてやったと言う。

（河合隼雄『働きざかりの心理学』新潮文庫、一九九五）

①は、第十二章で引用した文章の冒頭である。「廃墟と化した志賀の都」という具体的なものBが、「近江の国」とはどういうものかという抽象的な内容Aを、象徴している。

②では、「明治文明のきめの荒さ」Aを、「万葉集の一方的な尊重、古今集の一方的な軽視」Bが象徴している。Aは文明の特性という抽象的な内容、Bは具体的な行為や態度である。

③では、Aは「遙かかなたにあるもの」という漠然たる抽象的な内容であり、Bは、二階の窓から遠くに見えていた「一本の樫の木」という具体物である。

④の場合、当の子どもには、何でも親から与えられることに満足できず、自分の力で何かをつかみ取りたいという欲求があった。子どものこの気持ちが「目に見えない抽象的な内容」Aであり、「万引き」という具体的な行為Bはこの Aを象徴するもの、と筆者は見ている。

以上のような「一般的な象徴」においては、「抽象的な内容」Aと「具体的なもの」Bが、それぞれの表現主体（書き手、話し手）によって類同関係に置かれている。つまり、「一般的な象徴」とは、表現主体の表現行為として、それぞれの文章表現の内部でそのつど作られる象徴であり、この点が次に示す「慣習的な象徴」との本質的な違いである。

慣習的な象徴

右の辞書に載っていた「ハトで平和を、王冠で王位を、白で純潔を表現する」という例は、慣習的に使用される固定化された象徴である。

こうした「慣習的な象徴」の場合、「象徴される抽象的な内容」Aと「象徴する具体的なもの」Bとの関係は、文化的慣習という外的な文脈の中で決定されている。そのため、文化的慣習を知らない場合には、文章中にこの種の象徴が使われていても、象徴の意味を正しく理解できないばかりか、多くの場合、それが象徴であることにも気付かないで終わることになる。

例えば、夏目漱石の『それから』には、三千代が代助の家を訪れたとき、鈴蘭（新聞連載時には「リリー・オフ・ゼ・ヴレー」であった）の鉢の水を飲む場面があるが、これについて江藤淳は次のように述べている。

いうまでもなく、ヨーロッパ文化の文脈では、「リリー・オフ・ザ・ヴレー（谷間の百合・鈴蘭）」は、優美さと甘美さを現わすとともに、日陰を好むところからして謙譲を現わし、青春と幸福の甦《よみがえ》りを象徴するものとされている。しかし、それと同時に、あまりにも純白で、頭を垂れていることから、不吉な花とも考えられ、庭に移植すればその家に死をもたらすとも伝えられている。

このような寓意に、英文学者でもあった作者が通じていたのは当然としても、さりとて「リリー・オフ・ザ・ヴレー」がその儘《まま》新聞小説の読者に通じたとはきわめて考えにくい。だからこそ、これは作者の「詩」である。つまり『薤露行《かいろこう》』が「詩」であったという意味で「詩」なのである。しかも作者は、「鈴蘭」の洋名を掲げることによって、その「詩」の索引が英文学、あるいはヨーロッパ文学の文脈にあることを示唆している。三千代は「リリー・オフ・ザ・ヴレー」の水を飲むことによって、死と再生の祭儀を行った。その水を鉢に注いだ人こそ、代助である。

（江藤淳『漱石とその時代 第四部』新潮社、一九九六）

鈴蘭は甦りと死に関わる象徴であり、その鉢の水を飲む三千代の行為は「死と再生の祭儀」である、というわけであるが、もちろんこのような解釈は一般読者の理解をはるかに超えている。

右の『薤露行』は、漱石自身が、高浜虚子宛ての手紙で「詩」と呼んだものである。江藤淳は、『薤露行』が詩である所以に関して、この作品は、読者に分からない形で「個人的な秘密を告白しようとした」比喩ないしは象徴である、と述べている（『漱石とその時代 第三部』）。同様に、『それから』のこの場面も、読者の理解を期待せずに、作者が自分の個人的な思いを表出した箇所であって、その意味でこれも「作者の詩」である、というのが江藤淳の解釈である。

西洋文化の「慣習的な象徴」に疎い一般の読者は、この詩的な場面を散文的に、つまり、三千代のいささか常軌を逸した行為として理解するだろう。あるいは、読者のなかには、これを、三千代のこの後の決断を象徴する予示的な行為ととる者もいるかもしれない。後者の解釈をとる場合には、その象徴は「一般的な象徴」となる。

芸術的な象徴

右のような形で「慣習的な象徴」が登場するのは、日本語の文章表現においては稀であるが、しかし、日本の文化にとって「象徴」は決して縁の薄いものではなかった。それどころか、以下の数種の引用が示すように、日本の芸術・芸能は「象徴」と深く関わりながら発展してきた。

この種の象徴は、「芸術的な象徴」と呼ぶのが適当だろう。

加藤周一は、日本の庭を論じた評論のなかで、象徴的芸術の例として「能」を挙げ（引用文①）、京都の庭のうち龍安寺の石庭に象徴主義を見ている（引用文①②）。

①例えば、狂言は摸倣するが、能は象徴する。狂言の科白《せりふ》は多く、所作は複雑だが、能の人物には科白がなく、所作は簡単である。狂言は、特定の性格や特殊な人間関係を活き活きと描きだすが、能は、一般に人間的なるものと人間の普遍的な条件とをあきらかにするのである。『花伝書』にいう、「風体《ふうてい》・形木《かたぎ》は面々各々《めんめんかくかく》なれども、面白き所はいづれにもわたるべし」と。「この面白しとみるは」、世阿弥の「花」であった。ヘーゲルの美学が、藝術的表現を、「普遍的なるものの個別化」として規定するときの、普遍的なるものであった。そして、おそらく、相阿弥が、砂と石とを用いて、方寸の地に捉えた自然そのものでもあったのである。

②（龍安寺の庭では、）自然的なものと人間的なものとがあきらかに区別され、自然は常に、人間に対する自然として意識される。庭は自然を摸倣せず、自然的な素材の効果を厳しく拒絶しながら、純粋に人間的な精神的な方法によって、即ち、かの相阿弥が、熟達し、精通し、自在に駆使した象徴主義的方法によって、自然の本質をとらえている。

（加藤周一「日本の庭」一九五〇／『加藤周一著作集12』平凡社、一九七八）

こうした「芸術的な象徴」の場合も、「ある抽象的な内容」Aを「具体的なもの」Bによって表現するという象徴の構造に変わりはない。能の場合、「具体的な所作」は「人間的なるものと人間の普遍的な条件」という抽象的な内容を象徴し、龍安寺の庭では、「砂と石とによる具体的な構成物」が「自然の本質」という抽象的な内容を象徴する。

また、唐木順三は、絵画、生け花、俳諧における象徴性を次のように論じている。

> 春一般といふやうなものはどこにもない。だから春一般などといふものは描きやうもない。春は春に特有の景物、ここでは楊梅桃李によつて示すより外にない。霞や春雨や、蕨《わらび》や鶯によつて示す外にない。然し、一つの景物を描いて春一般を示すことができるか。道元は先師古仏如浄《にょじょう》だけが、それをなしえたといふ。梅華の中へ春を招き入れることができたといふ。春は如浄の描いた梅華の中に十全に収つてゐるといふ。梅が早春を開き、春は梅の梢に在るといふのである。（中略）
>
> この梅と春とのかかはりあひは、利休における朝顔一輪と夏のかかはりあひに通じるだらう。や〻唐突にいへば、「閑《しづか》さ」などといふものは描きやうがない。わづかに芭蕉が、「岩にしみ入る蟬の声」において、閑さを描きえたといふべきであらう。梅を描いて早春を、朝顔を生けて夏の朝を、蟬をうたつて夏のまひるの閑かさを、どれだけ具現しうるかといふことは、詩人や画家の力量、器量の問題である。
>
> （唐木順三『日本人の心の歴史（上）』一九七六／ちくま学芸文庫、一九九三）

「古仏」とは禅宗で悟りを得た高僧をいう。道元（一二〇〇～一二五三）は、自分の亡き師匠である如浄（南宋の僧、一一六三～一二二八）だけが「梅」という一つの具体的な景物を描いてそこに「春一般」という「どこにもない」ものを表現することができたという。このとき描かれた「梅」は「春一般」

の象徴であると言ってよい。同様に、千利休は一輪の「朝顔」に「夏の朝」を象徴させ、松尾芭蕉は「蟬」を詠んで「夏のまひるの閑かさ」を象徴的に示すことができた。

また、尼ヶ崎彬『日本のレトリック』は、「寄物陳思《きぶつちんし》」（物に寄せて思いを陳《の》べる）という作歌法に関して、次のように述べている。

　ほととぎすなくや五月のあやめ草あやめもしらぬ恋もするかな

耳をうつほととぎすと目をうつあやめの鮮烈は、恋のもたらす甘美と憂愁、夢と狂気、浄土と地獄の一切を映している。この歌は恋の特定の相を詠んだものではない。恋というものがまさに「あやめもしらぬ」不可思議の世界であることを告げるものである。隠喩は追いつかない。ただ闇を裂くほととぎすの声と、五月に匂うあやめの紫とが、かろうじてこれの象徴となりうるであろう。理屈の及ぶ世界を捨ててこの「あやめもしらぬ」次元に入る覚悟がなければ、恋を始めることはできない。この歌を巻頭に据えたのは編者の見識であろう。

こうして、思いを託された「物」は、その思いの象徴となる。隠喩は予め両者の間に類似があり、詩人はその類似を発見するのであるが（あるいは、類似を見るという新たな見方を作り出すのであるが）、象徴は類似によるのではない。ただその思いを映すのである。象徴は予め在るものではない。詩人は象徴を発見するのではなく、言葉の強引なしかし必然と見える組み合わせによって、創造するのである。つまり寄物陳思とは、象徴創出の技法である。隠喩において、たとえば「露」によって「はかなさ」を喩える時、物と思いは同義である。しかし、象徴において、物は思いと照応しつつもまた独立してあるという緊張関係を保つ。独立の度が過ぎれば、物は思いを映さない。寄物陳思は常に象徴の創出に成功するとは限らないのである。しかし、成功する時、それは譬喩よりも深く思いを伝えるであろう。

（尼ヶ崎彬『日本のレトリック』一九八八／ちくま学芸文庫、一九九四）

『古今和歌集』「恋歌一」巻頭の歌は、通常、三句目の「あやめ草」までが序詞で、これが同音の「あやめ」（ものごとの筋目）を導くと説明される。新日本古典文学大系の『古今和歌集』（岩波書店、一九八九）では、この歌を、〈ほととぎすが、そら、鳴いている、この夏五月の「あやめ草」よ。そのあやめ草の「あやめ」という名のように筋目も分からない恋までもするものだなあ。〉と解釈している。このような説明的な解釈に対して、聴覚と視覚を鋭く射る「ほととぎすとあやめ」を、理性を超えた「恋」の象徴と見る尼ヶ崎の解釈は、この歌に潜む狂おしい情念を見事に言い当てているように見える。

引用の後半で筆者は、「寄物陳思とは、象徴創出の技法である」と述べているが、これは、和歌だけに限らず他の芸術にも当てはまることであろう。「寄物陳思」の「物」とは、知覚し得る何かの「具体的なもの」であり、「思」とは、語義をやや拡張すれば、表現されるところの何らかの「抽象的内容」であると考えられる。そうであれば、能も石庭も、そして絵画、生け花、俳諧、和歌も、その象徴的表現はすべて「寄物陳思」の芸術であると言えるだろう。

このような「芸術的な象徴」は、「寄物陳思は常に象徴の創出に成功するとは限らない」とあるように、目指される高い芸術的な目標であって、その達成は容易ではない。水墨画家の相阿弥は、長い修練の後に、象徴主義的方法を作庭においても自在に駆使できるようになったのであろう。唐木順三も「梅を描いて早春を、朝顔を生けて夏の朝を、蟬をうたつて夏のまひるの閑かさを、どれだけ具現しうるか」は、「詩人や画家の力量、器量の問題である」と述べていた。

この「芸術的な象徴」も、他の象徴と同様に、「ある抽象的な内容を具体的なものによって表現する」という特性をもつ。ただし、その象徴は、「ある具体的なもの」Bによって「ある抽象的な内容」Aを表現し得たとき、そのときにのみ、Bのうちに実現するものである。

認識行為としての象徴

以上のように、象徴には「一般的な象徴」「慣習的な象徴」「芸術的な象徴」の三種類を認めることができる。このうち、「一般的な象徴」の場合は、抽象的な内容Aと具体的なものBの象徴関係が、必ず「象徴する」「象徴である」「象徴的な」などのことばによって媒介される。つまり、Bが「一般的な象徴」になるとき、そこには「BはAを象徴する」「BはAの象徴である」というBについての認識行為が存在する。

このようなその都度行なわれる認識行為は「慣習的な象徴」には存在しない。慣習的な象徴Bは、文化的な慣習によって常に特定のAを表すことに決められており、そこには表現主体の新たな認識行為の入る余地はない。また、「芸術的な象徴」の場合には、象徴Bは芸術活動によって実現されるものであり、それを後からAの象徴であると解説することはできるが、その解説の力でBがAの象徴になるわけではない。これに対して、「一般的な象徴」では、表現主体の認識行為によって初めて「BはAを象徴する」「BはAの象徴である」という象徴関係が成立する。

この「BはAを象徴する」という認識行為において、抽象的な内容Aは、しばしば具体的なものBの「意味ないし本質」となる。

例えば、最初に示した例文④の場合、子どもの「万引き」という行為Bは、「親から与えられるのではなく、自分の力で何かをつかみ取りたいという欲求」Aの具体的な表現であったが、このときAは、子どもの「万引き」という行為Bの「意味」ないし「本質」であると考えられる。

したがって、一般的な象徴Bにおいて「Bは何を象徴しているのか」と問うことは、「Bの意味や本質は何か」と問うことと同義である場合が多い。このとき、BとAの間に象徴関係を見いだす行為は、「Bの意味ないし本質はAである」と認める認識行為となる。

この後は、こうした認識行為としての「一般的な象徴」について少し詳しく検討してみたい。

象徴とその意味

最初に取り上げるのは、磯田光一『鹿鳴館の系譜』である。この著作は、近代日本における西洋文化の受容という問題を、鹿鳴館を中心に据えながら多面的に考察したものである。次の引用文①は全体の問題提起に相当する箇所、③は末尾に置かれた全体の結論と言える箇所である。②は①のやや後に出てくる記述であり、①と③をつなぐ内容として読むことができる。

①皮相な欧化主義の象徴として、しばしば否定的な評価をうけてきた鹿鳴館とそれをめぐる潮流とは、はたして一笑に付するほど単純なものだったのであろうか。

②鹿鳴館がどう批判されようと、それは生れたばかりの近代国家がやむなく試みなければならなかった化粧であった。悲哀をこらえて、無理な背伸びをしようとする健気な志なしに、あのような建物が東京に建てられるはずがなかった。いまの私の目には、鹿鳴館の舞踏会の華やかさのうしろにあった悲哀は、きわめてアジア的な悲哀にみえる。その悲哀を共有することなしに、近代日本を語ることができるであろうか。狭義の鹿鳴館の時代は終っても、外来文化との接触の生んだドラマは終りはしなかった。

③つぎつぎに日本に訪れてきた外来文化とその影響を、軽薄と呼ぶのは容易であるが、小林秀雄に倣って近代日本の文化を〝翻訳文化〟としてとらえ、われわれの喜怒哀楽さえそのなかにしかなかったことに想いをいたすとき、翻訳文化も抜きさしならぬ歴史を形成してきたことに、われわれは気づくであろう。古代文化の形成さえ、翻訳文化にもとづくものであった。鹿鳴館の帰趨によって象徴されるもの、すなわち外来文化を異質なものと認めながらも、内省を通じてそれを同化し、新たなかたちをあたえてゆくような能力を、日本文化の創造的な伝統の

一部と考えても、それほど誇大な評言にはならないであろう。われわれの歴史の一部は、そのようにして形成されてきたからである。

（磯田光一『鹿鳴館の系譜』一九八三／講談社文芸文庫、一九九一）

通説では、「鹿鳴館とそれをめぐる潮流」Bは「皮相な欧化主義」Aの象徴とされてきた。①ではその通説を疑い、「鹿鳴館とそれをめぐる潮流とは何であったのか」と問うている。この問いは、Bは本当は何を象徴しているのか、Bの意味や本質は何か、という問いに等しい。

②では「鹿鳴館」の意味や本質が語られている。ここに「象徴」の語はないが、この場合の「意味や本質」は「象徴」ということばによって変換可能である。すなわち、この箇所は、「鹿鳴館」Bは「生れたばかりの近代国家が、悲哀をこらえて、無理な背伸びをしようとする健気な志」Aを象徴している、と読むことができる。しかし、この②は、まだ全体の結論ではない。

③に見える「鹿鳴館の帰趨」とは、鹿鳴館を舞台とした西洋文化との接触の方式が、明治の一時的な流行現象にとどまらず、近代日本の西洋文化受容の仕方全体に及ぶことを指している。この点は、②の末尾の「狭義の鹿鳴館の時代は終っても、外来文化との接触の生んだドラマは終りはしなかった」によっても確認できる。つまり、「鹿鳴館の帰趨」は、「鹿鳴館とそれをめぐる潮流」とほとんど同義であると言ってよい。

③によれば、「鹿鳴館とそれをめぐる潮流」は、「外来文化を異質なものと認めながらも、内省を通じてそれを同化し、新たなかたちをあたえてゆくような能力」を象徴するものであり、しかもそ

のような能力は、古代文化以来の日本の創造的な伝統の一部でもあった。したがって、①の問題に対しては、〈鹿鳴館とそれをめぐる潮流は、外来文化の創造的な受容という日本古来の文化的伝統を象徴している〉と答えることができる。言い換えれば、「日本の文化的伝統である異質な外来文化の創造的な受容」という点に、著者の磯田光一は、鹿鳴館とそれをめぐる潮流の積極的な意味を見いだしている。

象徴の発見

一九六四年の東京オリンピックでは、日本の女子のバレーボールチームが優勝を果たした。清岡卓行は、優勝した瞬間を写した写真を見て、そこに一つの「象徴」を発見する。

　ぼくが心を惹かれるのは、感きわまっている彼女たちの手と指が、すでに一抹の哀愁を漂わせているように見えることである。彼女たちの手と指が、喜びが高まって涙となる瞬間に、思わず求めて確かめようとしているものはなんだろうか？　それは具体的には、仲間の選手の肩であったり、自分自身の泣きはじめた顔であったりするだろう。しかし、それらの具体的な対象が、そのときひそかに象徴しようとしているものはなにか？
　それは、一言でつくすなら、まさに過ぎ去ろうとしている青春ではないだろうか。すさまじい猛練習に捧げたところの、そして遂に勝利によって酬《むく》われたところの歓喜の青春。人間というものは、長い時間をかけた必死の労苦が実を結んだとき、嬉しさのあまり、自分の運命に泣くことができるものだ。それが、青春を半ば以上費したようなものである場合、その栄冠がどんなに華やかなものであるとしても、そこにはまたふしぎな寂しさが漂うのは当然だろう。栄冠さえもふと空しく感じられるのではないか。なぜなら、そのとき、勝利とともに青春は終わるからである。そして、青春にしか、生命のまったき夢は宿りえないからである。

このような意味における勝利の儚《はかな》さ、一方の究極においてはそうしたものを、優勝決定の瞬間の彼女たちの手と指はいみじくもまた表現しているように思われてならない。

（清岡卓行『手の変幻』一九六六／講談社文芸文庫、一九九〇）

優勝の瞬間、選手たちの手と指は、仲間の肩や泣き出す自分の顔に向かっている。しかし、その手と指は、そうした具体的な対象を超えた何かを象徴的に表現している、と清岡は感じた。そう感じたのは、「感きわまっている彼女たちの手と指が、すでに一抹の哀愁を漂わせている」ように見えたからであった。では、「選手たちの手や指」Bが「象徴しているもの」Aとは何か。

それは、「まさに過ぎ去ろうとしている青春」であろう、と清岡は言う。言い換えれば、その手と指は、「すさまじい猛練習に捧げた青春が勝利の瞬間に終わってしまうこと」を象徴しており、また「勝利」という視点からは、「勝利の儚さ」の象徴とも言えるものであった。

このようなAは、Bの「意味」と考えることもできる。すなわち、「優勝の瞬間における選手たちの手や指は何を意味しているのか」と問うとき、Aはその答えになるものである。

象徴の完成

最後に、同じ清岡卓行の小説「アカシヤの大連」を取り上げてみたい。これは、妻の早世から一年ほどして書かれた自伝的な作品であり、その最終部は、大連での妻との出会いを扱っている。

一九二二年に大連に生まれた清岡は、十八歳までその地で暮らし、アカシヤの花盛りを何度も経験するなかで、その花が何かを象徴しているという予感を抱く。これは、「象徴」Bだけが存在し、「象徴されるもの」Aはまだ見いだされていない段階である。

東京での高等学校生活を経て大学生となった清岡は、翌年の一九四四年、父母のいる大連に戻り、日本の敗戦後もその地に留まる。そして、一九四七年の春、同じく大連に残っていた一人の若い女性と出会う。

それは、彼にとって、生れて何回目に経験する、大連のアカシヤの花ざかりの時節であっただろう。彼は、アカシヤの花が、彼の予感の世界においてずっと以前から象徴してきたものは、彼女という存在であったのだと思うようになっていた。

そこには、彼女もまた自分と同じく、かつての日本の植民地大連で生れたということ、そして、ほとんどの日本人がそこから立ち去ったあとも、そこにおける無名の生活をどうやら慈《いつくし》んでいるように見えるということが深くかかわっていた。いわば運命の共同の中で、彼は、アカシヤの花の前に佇《たたず》む、彼女の慕わしい姿を眺めたのであった。

（清岡卓行「アカシヤの大連」一九六九／講談社文芸文庫、一九八八）

こうして「彼女という存在」Aを得て、「アカシヤの花」Bは、象徴として完成した。すでに述べたように、一般的な象徴においてBがAの象徴であるとき、「抽象的な内容」Aは「意味や本質」と言い換えられる場合が多い。右の場合も、「アカシヤの花」によって象徴されるのは「彼女という存在」の「意味ないし本質」であると考えられる。本文の記述によれば、その「意味ないし本質」には、彼女が大連で生まれて敗戦後もそこでの生活を慈しんでいたこと、つまり、彼女が「彼」と同じ運命のもとに生きていたことが、主要な要素として含まれていた。

この「アカシヤの花」は、物語の内部で、表現主体によって作られた「一般的な象徴」である。しかし、一方で、この物語は、妻となる女性と出会って象徴が完成することを終曲（フィナーレ）としており、一種の「教養小説（自己形成小説）」という体裁ももっている。自己の発展の到達点に象徴の完成を見るという点では、この象徴は「芸術的な象徴」に似ていなくもない。

第十五章　類　推

類推の語義と構造

「類推」も〈類同の構造〉の応用形式と考えられる。類推は、類同性（類似性）に依拠して対象についての判断を導く思考形式である。

判断を導く形式には、類推のほかに、第十二章で取り上げた「帰納と演繹」がある。帰納とは、具体的な複数の事柄からそれらに共通する一般的な判断を導くものであり、演繹とは、一般的な命題や法則などから具体的な事柄についての判断を導くものであった。これに対して、「類推」は、「ある事柄」Aについての判断を「それに類似する他の事柄」Bに適用するものである。

例えば、「羹《あつもの》に懲りて膾《なます》を吹く」者は、「膾」Bの扱い方を「羹」Aから類推する。羹と膾を類似した一椀と見なし、前者Aから得た教訓を後者Bにもそのまま適用するわけである。

次の会話に見られる「警句」も類推である。

それから当分の間三四郎は毎日学校へ通って、律義に講義を聞いた。（中略）平均一週に約四十時間ほどになる。いかな勤勉な三四郎にも四十時間はちと多過ぎる。三四郎は断《た》えず一種の圧迫を感じていた。しかるに物足りない。三四郎は楽しまなくなった。

ある日佐々木与次郎に逢ってその話をすると、与次郎は四十時間と聞いて、眼を丸くして、「馬鹿馬鹿」と云ったが、「下宿屋のまずい飯を一日に十返食ったら物足りるようになるか考えて見ろ」といきなり警句でもって三四郎を打《どや》しつけた。

（夏目漱石『三四郎』一九〇八／ちくま文庫、一九八六）

このような例が示すように、類推という判断形式は常に二段階の過程を踏む。第一の段階は、「ある事柄」Aが「当面の話題となる事柄」Bに類似していると判断する過程であり、第二の段階は、Aに当てはまる命題をBにも適用する過程である。第一の段階だけであれば「BはAのようだ」という直喩となる。類推は、この比喩を推論に用いたもので、Aの命題をBにも適用して「AがPであるならBもPである」という判断を導く。

ところで、第十二章で取り上げた三段論法も、「AはPである」ことから「BはPである」という判断を導いていた。しかし、三段論法の場合には、「AはPである（例えば、人間はみな死ぬ）」という大前提だけでなく、「BはAに含まれる（ソクラテスは人間である）」という小前提も経て、「BはPである（ソクラテスは必ず死ぬ）」という結論に達する。このような三段論法では、二つの前提がともに真であれば結論も必ず真となる。

これに対して、類推の場合、AとBは類同性（類似性）によって結び付けられるだけであり、前提の「AはPである」が真であっても、「BはPである」という結論が真である保証はない。類推による結論は常に蓋然的なものであって、したがって、しばしば偽となる。右の羹から膾への類推は、その慎重さにもかかわらず誤りであった。与次郎の警句の場合、「下宿屋の飯」についての判断が正しくても、同じ理屈が「大学の講義」にも必ず当てはまるわけではない。

しかし、それにもかかわらず、我々は生活のさまざまな場面で類推による判断を行なっている。それはなぜだろうか。

我々が判断を迫られる事態には、依拠すべき規範やマニュアルのないものも多く、そのような場合には演繹的な思考は成り立たない。また、ある程度多くの事例が揃わなければ、適切な判断を帰納的に導くこともできない。このような演繹法も帰納法も使えない場合、我々は、自分の知識や経験の中に類似の事例を求め、それに倣って当面の事態に対する判断を下す。このような判断の仕方がすなわち「類推」であり、これは、日常生活においても、また専門的な活動においても、我々が判断を迫られる場合に採る最も自然な思考法であると考えられる。

類推の限界

最初に、類推の限界を文章例に基づいて確認しておきたい。

夏目漱石は、大学での専攻を英文学と定めたとき、「漢籍」からの類推によってその選択を行なった。やがてその誤りに気付いた漱石は、当時を振り返って次のように述懐している。

余は少時好んで漢籍を学びたり。これを学ぶ事短かきにも関らず、文学はかくの如き者なりとの定義を漠然と冥々裏《めいめいり》に左国史漢《さこくしかん》より得たり。ひそかに思ふに英文学もまたかくの如きものなるべし、かくの如きものならば生涯を挙げてこれを学ぶも、あながちに悔ゆることなかるべしと。余が単身流行せざる英文学科に入りたるは、全くこの幼稚にして単純なる理由に支配せられたるなり。

（夏目漱石「『文学論』序」一九〇六／『文学論（上）』岩波文庫、二〇〇七）

「左国史漢」、すなわち『春秋左氏伝』『国語』『史記』『漢書』は中国の史書であり、あえて文学と呼ぶなら歴史文学であるが、若き漱石はそれらの書物から「文学」の漠然とした定義を得ていた。そして、中国の歴史書と英文学を類似のものと捉え、前者を好む自分は後者をもまた好むに違いないと判断したのである。

しかし、実際に英文学を学んでみると、そこには「左国史漢」などとは全く異なる世界があった。漱石は結局、両者は一つの定義で括ることのできない別種のものであるという認識に達し、改めて、では「文学とは何か」と問うに至る。そこから『文学論』という未完の大著が書かれることになるが、これは元を正せば、類推の誤りから生まれた作品であったと言ってもよい。

このような、時として人を誤まった判断に導く点を類推の第一の限界とすれば、第二の限界は、当面する事態の中に知識や経験に反する要素が含まれていると、類推は機能しない、ということである。このような場合、判断そのものが停止状態になる。

森鷗外「高瀬舟」の次の場面は、この類推の限界をよく示している。

護送を命ぜられて、一しょに舟に乗り込んだ同心羽田《はねだ》庄兵衛は、ただ喜助《きすけ》が弟殺しの罪人だということだけを聞いていた。（中略）

庄兵衛はまともには見ていぬが、始終喜助の顔から目を離さずにいる。そして不思議だ、不思議だと、心の内で繰り返している。それは喜助の顔が縦から見ても、横から見ても、いかにも楽しそうで、もし役人に対する気兼《きがね》がなかったら、口笛を吹きはじめるとか、鼻歌を歌い出すとかしそうに思われたからである。

庄兵衛は心の内に思った。これまでこの高瀬舟の宰領をしたことは幾度《いくたび》だか知れない。しかし載せて行く罪人は、いつも殆ど同じように、目も当てられぬ気の毒な様子をしていた。それにこの男はどうしたのだろう。遊山船《ゆさんぶね》にでも乗ったような顔をしている。罪は弟を殺したのだそうだが、よしやその弟が悪い奴で、それをどんな行掛りになって殺したにせよ、人の情として好《い》い心持はせぬはずである。この色の蒼い痩男《やせおとこ》が、その人の情というものが全く欠けているほどの、世にも稀な悪人であろうか。どうもそうは思われない。ひょっと気でも狂っているのではあるまいか。いやいや。それにしては何一つ辻褄の合わぬ言語《ことば》や挙動がない。この男はどうしたのだろう。庄兵衛がためには喜助の態度が考えれば考えるほどわからなくなるのである。

（森鷗外「高瀬舟」一九一六／『山椒大夫・高瀬舟』岩波文庫、二〇〇二）

喜助は、島流しの罪人という点では、庄兵衛がこれまでに護送した者たちと同じ立場にあり、その心中も容易に類推できるはずであった。しかし、遊山にでも行くような楽しげな罪人は、庄兵衛の知識や経験の中には存在していなかった。喜助はこの点で他の罪人とは全く異なっており、庄兵衛は、類推の壁に突き当たって、いくら考えても喜助を理解することができなかった。

類推による仮説

このように、類推は、結論の正しさが保証されず、また機能する範囲も限られるという二重の限界をもっている。しかし、その一方で、類推は、解決すべき新たな問題が生じたときの最も自然な思考法であり、特に学問の世界では仮説を生み出すという重要な働きをすることがある。

福井謙一は、後にノーベル化学賞の対象となった「フロンティア軌道理論」の着想について、次のように語っている。

原子の中にはたくさんの電子があり、それらは原子核の周りを一定の規則で回っている。さて、そのような原子が二つ寄って分子を作る時、二つの原子の間にはその他の場所にくらべて電子がより長時間滞留するような恰好になり、それぞれの原子核をくっつける役目を果たす。これは、二つの原子核にはさまれた部分はそれだけプラスの電荷に富み、マイナスの電荷をもつ電子を引きつけやすいからである。この時、原子の中で結合に重要な役割を果たすのは、原子の中の奥深いところにとどまっている電子ではなく、原子核に比較的ゆるやかに結ばれた電子、いわば高いエネルギーをもって原子の外側を回っている幾つかの電子（原子価電子＝最外殻電子）である。

このことは当時、化学を学ぶものであれば誰でも知っていたことだが、私は分子と分子との間に起こる化学反応も、これと原理は似ていると考えた。

つまり、分子の場合は単に電子の総数が増えるばかりでなく、考え方ははるかに複雑になるが、分子と分子が近寄って化学反応を起こそうという時、互いに相手に影響をおよぼし合う電子は、すべて平等で区別がないかというと、そうではない。やはり原子と原子が分子をつくる時のように、分子間ににじみ出やすい電子、つまり分子にゆるやかにしばられている電子、エネルギーの高い外側の軌道を回っている電子が特別の役割を果たすのではないか。こう、半ば当然のようなかたちで私は類推してみたのである。

（福井謙一『学問の創造』一九八四／朝日文庫、一九八七）


原子と原子の結合には原子の外側を回る電子が重要な役割を果たしている。同様に、分子と分子の結合においても、分子の外側の軌道を回る電子が特別の役割を果たすのではないか。福井謙一の「フロンティア軌道理論」は、このように、原子の結合理論からの「類推」として誕生した。この仮説は、この後、蓄積されていた実験データの計算によって正しさが証明され、分子と分子の化学反応を説明する新しい理論として確立することになった。

このように、類推から生まれた仮説が、裏づけとなる研究を経て学説へと成長することは、自然科学以外の分野でも認められることだろう。次の例は文科系の学問の場合である。

あるとき、妙なことが気になり出した。
ことばは静止しているのに、文章を読むと、意味に流れが生じる。切れ目のあることばとことばが結び合わされているのに、ひとつらなりのものとして理解される。なぜだろうか、という疑問である。(中略)
ことばにおける非連続の連続化は、生理的な残像にもとづく映画に似通う点がもっとも多いように思われた。
ことばのひとつひとつの単語は、映画のフィルムのひとコマひとコマに相当する。語と語の間にある切れ目、空白は、その前の語の生ずる残曳《ざんえい》によって塗りつぶされて、意識されないものになる。フィルムを映写すると、映像が切れ切れにならないで続いて見えるのと同じ理屈である。(中略)
このようにして、文章の中のことばとことばが、離れ離れになりながらも、ひと続きになるのは、残像のはたらきであるということに気付いて、長い間のわたくしの疑問は、自分では、一挙に解決したように思った。文章の非連続の連続を支えている、この残像作用のことを、修辞的残像と名づけた。文章上に起っている残像というほどの意である。

(外山滋比古『思考の整理学』一九八三/ちくま文庫、一九八六)

映画のフィルムからの「類推」で、文章中のことばの残像、つまり「修辞的残像」という着想が得られたわけである。ここで生まれたアイデアはやがて外山滋比古の博士論文となり、『修辞的残像』

という著作として刊行された。

このように、仮説を生み出す働きは類推の典型的な機能と言えるが、これは言い換えれば、類推による判断は常に仮説の域を出ない、ということでもある。

類推の帰結の検証

類推からの帰結が常に仮説である以上、帰結（仮説）の妥当性はそれ自体を検証することによって確かめるほかはない。すなわち、「AはPだ」という命題から類推された「BはPだ」という判断は、「AはPだ」に依拠せずにその妥当性が検証されなければならない。

例えば、次の村上春樹の場合には、類推の帰結の検証は、帰結自体の実行によって実践的に行なわれている。


僕自身について語るなら、僕は小説を書くことについての多くを、道路を毎朝走ることから学んできた。自然に、フィジカルに、そして実務的に。どの程度、どこまで自分を厳しく追い込んでいけばいいのか？　どれくらいの休養が正当であって、どこからが休みすぎになるのか？　どこまでが妥当な一貫性であって、どこからが偏狭さになるのか？　どれくらい外部の風景を意識しなくてはならず、どれくらい内部に深く集中すればいいのか？　どれくらい自分の能力を確信し、どれくらい自分を疑えばいいのか？　もし僕が小説家となったとき、思い立って長距離を走り始めなかったとしたら、僕の書いている作品は、今あるものとは少なからず違ったものになっていたのではないかという気がする。具体的にどんな風に違っていたか？　そこまではわからない。でも何かが大きく異なっていたはずだ。

いずれにせよ、ここまで休むことなく走り続けてきてよかったなと思う。なぜなら、僕は自分が今書いている小説が、自分でも好きだからだ。この次、自分の内から出てくる小説がどんなものになるのか、それが楽しみだからだ。一人の不完全な人間として、限界を抱えた一人の作家として、矛盾だらけのぱっとしない人生の道を辿りながら、それでも未だにそういう気持ちを抱くことができるというのは、やはりひとつの達成ではないだろうか。いささか大げさかもしれないけれど「奇跡」と言ってもいいような気さえする。そしてもし日々走ることが、そのような達成を多少なりとも補助してくれたのだとしたら、僕は走ることに対して深く感謝しなくてはならないだろう。

世間にはときどき、日々走っている人に向かって、「そこまでして長生きをしたいかね」と嘲笑的に言う人がいる。でも思うのだけれど、長生きをしたいと思って走っている人は、実際にはそれほどいないのではないか。むしろ「たとえ長く生きなくてもいいから、少なくとも生きているうちは十全な人生を送りたい」と思って走っている人の方が、数としてはずっと多いのではないかという気がする。同じ十年でも、ぼんやりと生きる十年よりは、しっかりと目的を持って、生き生きと生きる十年の方が当然のことながら遙かに好ましいし、走ることは確実にそれを助けてくれると僕は考えている。与えられた個々人の限界の中で、少しでも有効に自分を燃焼させていくこと、それがランニングというものの本質だし、それはまた生きることの（そして僕にとってはまた書くことの）メタファーでもあるのだ。

（村上春樹『走ることについて語るときに僕の語ること』二〇〇七／文春文庫、二〇一〇）

ここでは「書くこと」が「走ること」からの類推として語られている。村上春樹が「走ること」から学んだのは、自分の力の測り方やその使い方であり、さらには自分という人間の扱い方そのものであったと言えるだろう。そして、それは「書くこと」に適用され、その妥当性は「書くこと」を実行することによって確認されている。さらに、この類推は「生きること」にも拡張され、帰結の妥当性は「生きる」過程を通して日々確認されることになる。

こうして、本来は不確かなものである類推の帰結は、実践による検証を通して次第に妥当性の度合いを強めていく。その結果、この文章を書く時点では、「走ること」の本質は、「書くこと」と「生きること」にも当てはまる共通の本質であると認識されている。

見ることと読むこと

帰結の検証は、そのものを「よく見ること」、あるいはそのものを「よく読むこと」によってなされる場合もある。それは、実験や観察のデータに基づく科学的な証明に比べれば、確かに客観性に欠けるという印象を免れない。しかし、例えば、骨董の真贋は「見ること」によって確かめるほかはないだろう。文学作品の価値というものも、どのような計測機械を使っても数値化することはできず、それはただ「読むこと」によってのみ測られる。

そのような例として、小林秀雄（一九〇二〜一九八三）の「平家物語」（一九六〇年発表）を取り上げてみたい。若い頃から『平家物語』を愛読していた小林は、一九六〇年にようやく念願が叶って、瀬戸内海の大三島《おおみしま》、大山祇《おおやまつみ》神社所蔵の甲冑を見ることができた。その体験に基づいて『平家物語』を論じたのがこの文章である。（段落に番号を付した。）

①さて、見るのに随分手間がかかった鎧だが、見てみれば、ははあ、なある程、ご尤《もっと》もと言うより他に言葉が出ないところが、まことに面白かった。義経の鎧も、その配下で屋島や壇浦で戦った河野四郎通信の鎧兜も、所伝そのままを信じて、少しも差支えない、と私には思われた、それほど見事だったからだ。もっと私の心にはっきり来た事は、これら源平時代の甲冑の、眼の前に現じている姿は、心のうちで捕えている「平家」という文学の姿そのままだという感じであった。

（中略）

②熟読すれば、活字本に潜在する肉声は、心で捕える事が出来る。今日、「平家」を愛読する者は、皆そうしている筈だ。眼の前の甲冑は、私が聴覚で失ったところを、はっきりと視覚で恢復してくれているように見えたのである。優しいものと強いものと、繊細なものと豪快なものと、どんなに工夫して混ぜ合わそうとしても詮ない事が、疑いようのない一つの姿に成就

されて立っている。そんな感じがした。歴史が創るスタイルほど不思議なものはない。

③わが国の古典で、「平家」ほど複雑な構造を持った文学はない。和漢混淆文どころの沙汰ではない。高度に微妙な象徴的な語法から、全く通俗な写実に至るものがある。仔細らしい説教から、理窟抜きの娯楽に至る、層々として重なる厚みある構成がある。これらに、人々の様々な類型と劇とが配分され、抒情と叙事とに織りなされ、その調べは、暗い詠歎から、無邪気な哄笑に亙《わた》る。

（中略）

④私のような素人には、くわしく辿る事は出来ないが、源平期に完成した甲冑は、日本の工芸史上、最も複雑な構造を持ったものではあるまいかと思われる。この複雑性は、装飾化或は美化という動機から決して来ているのではないのであり、騎馬して弓を射、鐙《あぶみ》を踏まえて名乗りをあげ、馬仆《たお》れれば、敵と組む、というような一騎打の、而も戦場の華として、敵も味方も見守らねばならぬ一騎打というものが要求する複雑な条件、これに答えねばならぬところから、きっと来ているに違いない。

⑤すべては実際の要求から発した。その点、他の工芸品と少しも変りはない筈だ。ただ、甲冑の場合は、満たさねばならぬ条件が、多様であり、恐らく互いに相反する幾多の要求に、一挙に答えねばならなかった。長い経験と工夫とが、この疑問を徐々に解いて行ったところに、あの雑多な部分の口には言えぬ均衡が、上代の甲冑の形を思えば、頭では到底思いも及ばぬ複雑な不思議な調和が生れた。この黙した姿は、見て見飽きない。

⑥「平家」と甲冑との間には、「平家」に扱われた最大の主題が合戦であるということだけではすまされぬ深い縁があるようだ。語り手と聞き手達との間に成立したこの文学には、本質的に、工芸品めいた性質がある。この事は、同じ頃に成った「新古今」の姿を思えば、随分はっきりと来る事で、成る程、「新古今」の作者等は、幾人も「平家」に登場しているし、両者に共通した歌も見られるが、内に向って考え込んだ極めて意識的な歌の世界は、外に向って演じられた物語の世界とは、まるで出来が違う。「平家」は甲冑のように、生活の要求の上に咲いた花だとさえ言えるようなものがある。その構造の複雑の由って来《きた》るところにも、同じ意味合いが読めるように思われる。「平家」は、人々を、専門的な文学の世界に導こうとしてはいない。人々の日常生活から発する雑然たる要求、教えられたい要求にも、笑い飛ばしたい要求にも、詠歎の必要にも、観察の必要にも、一挙に応じようとしている、そんな風な姿をしている。

（小林秀雄「平家物語」一九六〇／『考えるヒント』文春文庫、一九七四）

まず①で、「甲冑」の現物を見ることによって心中にあった「平家」が呼び起こされ、両者の類同性が確認されている。〈これら源平時代の甲冑の、眼の前に現じている姿は、心のうちで捕えている「平家」という文学の姿そのままだという感じであった〉は、文章全体の出発点となる命題である。

右の文章は、この「甲冑」と「平家」の類同性に基づいて『平家物語』を論じており、論の骨格は、「甲冑」の特性を「平家」に適用するという形で組み立てられている。その点で、この文章は、

「甲冑」から「平家」への類推という構造をもっていると言える。

ただし、この文章に限らず、認識の順序と表現の順序はいつも一致するとは限らない。小林にとって「平家」は「甲冑」よりはるかに長く親しんできた作品であり、「平家」に関する命題の原形は、「甲冑」を見る以前から心中に蓄えられていたと思われる。そうだとすれば、この文章は、「甲冑」からの類推という形式をとることで、「平家」についての命題を改めて確認したもの、ないしは命題の原形を補強し、発展させたものであると考えられる。

「甲冑」と「平家」の共通点として論じられているのは、P「複雑な構造を持ち」、Q「現実の多様な要求に答えようとした」という二つの特性と、PとQの論理関係である。Aを「甲冑」、Bを「平家」とし、これにPQを配すると、各段落の論点は次のように整理できる。

①……Aは B のようだ。
②……AはB、BはAのようであって、AはPだ。
③……………………BはPだ。
④⑤………………AがPであるのはQのためだ。
⑥……BはAのようであり、BがPであるのはAがPであるのと同様にQのためだ。

前半（①〜③）では、②の「甲冑は複雑な構造を持っている」（AはPだ）を踏まえて、③で「平家は複雑な構造を持っている」（BはPだ）と述べている。

後半（④〜⑥）の骨格を作るのは、「複雑な構造は、現実の多様な要求に答えようとして生まれた」（PであるのはQのためだ）という命題である。これを、まず④⑤で「甲冑」に対する認識として提示する。⑥では、最初に平家と甲冑の「深い縁」を再確認し、それに基づいてPQの命題を「平家」にも適用して、〈「平家」は甲冑のように、生活の要求の上に咲いた花〉、〈その構造の複雑の由って来るところにも、同じ意味合いが読める〉と述べている。

右の文章で、類推に伴う複数の命題は、いずれも「甲冑を見ること」と「平家を読むこと」から導かれており、それらの命題は一種の仮説である。この文章の場合、命題の説得力は、筆者の「見ること」と「読むこと」の力、つまりその「鑑識眼」によって支えられている。

第十六章　逆説（パラドックス）

逆説の定義

「逆説」は、この後の「アイロニー」「弁証法」とともに、〈対立の構造〉の応用形式である。これらの表現形式では、表現を構成する二つの要素が対立関係に置かれている。

「逆説」が「パラドックス」の訳語であること、またパラドックスがギリシア語の「パラドクサ」に起源をもつことはかなりよく知られている。「ドクサ」とは、一般に受け入れられている見解、つまり通念や常識あるいは思い込みを指し、パラドックスとはそれに反する言説をいう。

一般の辞書の定義も概ねこの語源に近いが、「通念」や「常識」の代りに「真理」の語を用いているものが多い。『旺文社国語辞典』（第十版）には、次のように書かれている。

真理と反対のことを述べているようで、実際は一種の真理を言い表している表現法。「急がばまわれ」「負けるが勝ち」の類。

『日本国語大辞典』（第二版、小学館）や『広辞苑』（第六版）の語釈もこれと同様であり、前半はそれぞれ「真理にそむいているようで」、「真理に反しているようであるが」となっている。しかし、ことさらに「真理」を持ち出すのは、かえってこの用語の理解を難しくするように思われる。実際の用例を検討してみると、どれも「一般の常識」や「通念」ということばで十分に説明が可能であることが分かる。そこで、ここでは、パラドックスの原義を生かして、逆説を「一般の常識には反しているが、ものごとの本質を正しく捉えている言説」と定義しておきたい。

開化のパラドックス

「逆説（パラドックス）」の用例として、最初に、夏目漱石「現代日本の開化」を取り上げてみたい。この評論は第一部第十章でも引用した。そこで引用した箇所の直前に「開化のパラドックス」と言われる以下のような文章がある。漱石はここで「逆説」ではなく「パラドックス」と言っているが、これは漱石の全作品に共通した用語法である。『漱石全集』の「総索引」（岩波書店、二〇〇四）によれば、漱石作品中に「パラドックス」は十例あり、「逆説」の語は一例もない。

そこでそういうものを開化とすると、ここに一種妙なパラドックスとでもいいましょうか、ちょっと聞くと可笑《おか》しいが、実は誰しも認めなければならない現象が起ります。（中略）古来何千年の労力と歳月を挙げて漸くの事現代の位置まで進んで来たのであるからして、いやしくもこの二種類の活力が上代から今に至る長い時間に工夫し得た結果として昔よりも生活が楽になっていなければならないはずであります。けれども実際はどうか？　打明けて申せば御互の生活は甚だ苦しい。昔の人に対して一歩も譲らざる苦痛の下に生活しているのだという自覚が御互にある。否《いな》開化が進めば進むほど競争が益劇《ますます》しくなって生活はいよいよ困難になるような気がする。（中略）これほど労力を節減出来る時代に生れてもその忝《かたじ》けなさが頭に応えなかったり、これほど娯楽の種類や範囲が拡大されても全くその有難味が分らなかったりする以上は苦痛の上に非常という字を附加しても好いかも知れません。これが開化の生んだ一大パラドックスだと私は考えるのであります。

（夏目漱石「現代日本の開化」一九一一／『漱石文明論集』岩波文庫、一九八六）

しなければならぬ仕事や義務には活力をできるだけ節約し、したいと思う遊びや道楽には活力をできるだけ消耗する。そのような方向で文明は発展してきた。したがって、その発展に伴って生活は楽になるはずである。しかし、実際には、昔よりも生存の苦痛は増大している。これは、文明開化というものの一大パラドックスである。こう、漱石は述べている。つまり、「開化のパラドックス」とは、「文明の発展とともに、生存の苦痛は増大する」という現象を指す。この現象は、「文明の発展に伴って生活は楽になるはずだ」という常識的な考え方と対立している。

周到な漱石は、「パラドックス」という聴衆の聞き慣れないことばを使うにあたって、最初にその説明を行なっている。「ちょっと聞くと可笑しいが、実は誰しも認めなければならない現象」というのがそれであるが、ここでの「現象」を「説」や「言説」「表現法」に置き換えれば、そのまま言語表現としての「逆説」の定義となる。

すなわち、「ちょっと聞くとおかしい」は、常識から考えればおかしいということであり、「一般の常識には反している」と同じ意味である。また、「実は誰しも認めなければならない」は、一言で言えば「正しい」ということであり、その言説が「ものごとの本質を正しく捉えている」ことを意味している。このように、「ちょっと聞くと可笑しいが、実は誰しも認めなければならない」という漱石のパラドックスの説明は、先に示した逆説の定義によく合致している。

逆説と対義結合

さて、以上の説明では、「逆説」として語られる内容は、その外部にある「常識や通念」と対立している。しかし、これとは異なる逆説の理解もある。例えば、『新明解国語辞典』（第六版、三省堂）では、「逆説」を次のように定義している。

表現の上では一見矛盾しているようだが、よくよくその真意を考えてみるとなかなか穿った説。例、「急がば回れ」など。

最初に示した定義をa、右の定義をbとすると、この二つは特に定義の前半部分に明確な相違がある。すなわち、ａでは逆説表現が外部の要素（常識や通念）と対立するのに対して、ｂでは表現内部の矛盾が問題にされており、対立は逆説表現の構成要素の間にあると考えられている。

このｂのような定義は、逆説を「対義結合」という観点から見たものと言える。「対義結合」とは、『レトリック事典』（大修館）によれば、次のようなものを指す。

論理的に不整合、もしくは矛盾する二つの語や句を、巧みに結合し、更にその不整合や矛盾を立言することによって、常識的な見方では捉えられないような現実を描写し、あるいは示唆する技法。ちなみに、前項の《対比》は矛盾の立言ではない。「黒白をつける」は単なる対比だが、「黒は白である」と言えば対義結合になる。「ありがた迷惑」「急がばまわれ」「損して得取れ」など諺に多く見られるように、対義結合は決して稀な語法ではない。

（『レトリック事典』「対義結合」の項、佐々木健一執筆）

ここに見える「急がばまわれ」は、たいていの辞書が「逆説」の典型例としているものであり、右の説明では対義結合と逆説は区別しにくい。現に、この事典では、「逆説」は「対義結合」の下位項目に位置づけられており、「逆説」の項（佐々木健一執筆）には、この二つは「概念において異なるものの、ことばの実態においては不一致の部分が些少であり、殆ど同義語とみなすことができる」と書かれている。

『レトリック事典』は佐藤信夫が企画し、佐々木がその遺志を継いで完成させた労作である。その佐藤自身も、対義結合と逆説に関して『レトリック認識』に詳しい考察を残している。

じっさい、反＝通念としてのパラドクサ、《逆説》は、やがて後世、レトリック用語として採用され、たいていのばあい、《対義結合》の同義語としてもちいられることになる。広い意味での《逆説》から狭いテクニカルな意味での《逆説》への移行である。そして、その移行は先ほど見たように、《通念とは、実際問題としてはことばの意味の接続にかんする暗黙の規則のことである》と考えてみると、納得がいく。広い意味と狭い意味はほとんどおなじことなのだ、と私たちは考えることができる。

（佐藤信夫『レトリック認識』一九八一／講談社学術文庫、一九九二）

「ことばの意味の接続にかんする暗黙の規則」とは、佐藤の説明によれば、例えば「愛」に対しては好ましい意味のことばが接続し、「憎しみ」には好ましくない意味のことばが接続するような規則、我々が十分心得ていながらふだんはあまり自覚しないでいる「ことばの意味上の接続規則」をいう。「さわやかな」と来れば「愛」の方に接続するのがその規則であり、したがって、「さわやかな憎しみ」というような表現は「意味接続の暗黙の規則への反逆」となる。

そして、このような意味接続の暗黙の規則こそ「通念」というものの実体であると、佐藤は説明する。そうなると、その暗黙の規則に反するという点で「対義結合」と「逆説」は「ほとんどおなじ」ものとなり、例えば「さわやかな憎しみ」は、対義結合であるとともに通念に反する逆説にもなる。

逆説の三要件

『レトリック認識』の「逆説」の説明は、もう少し先まで読むと次のような記述に行き着く。

ふたつの《逆説》とは、つまり、意見ないし思想として見たばあいの反＝通念（広義）と、その具体的な言語表現としての対義結合（狭義）とである。相違は視角にある。

結局、「逆説」の二つの説明は、「逆説」を見る「視角」の違いによる、というわけである。

さて、以上の議論をすべて取り入れた場合、「逆説」の定義は三つの要件をもつことになる。すなわち、「逆説」とは、①表現の外部との関係では常識と対立し、②表現の内部においては対義結合を形成し、③しかも、ものごとの本質を正しく捉えている、そのような言説をいう。

①は「広義」の視角から見た逆説の要件であり、この視角からは、表現された命題の「反常識性」に逆説の本質があるということになる。一方、②は「狭義」の視角による要件であるが、これによれば、表現された命題の「対義性」が逆説の本質ということになる。

したがって、逆説表現は、通常、二つの分析の視点をもつことになる。一つは、①その逆説はどのような常識と対立しているか、という「反常識性」の視点、もう一つは、②その逆説はどのような要素と要素の対立として構成されているか、という「対義性」の視点である。

以上の定義と考察を検証するため、漱石作品に見られる「パラドックス」をもう一例引用してみたい。「素人と黒人《くろうと》」と題する晩年の評論の、末尾に近い箇所である。

素人はもとより部分的の研究なり観察に欠けている。その代り大きな輪廓に対しての第一印象は、この輪廓のなかで金魚のようにあぶあぶ浮いている黒人よりは鮮やかに把捉できる。（中略）能でも踊りでも守旧派の絵画でもみんなそうである。こういう芸術になると、当初から輪廓は神聖にして犯すべからずという約束の下に成立するのだから、その中に活動する芸術家は、たとい輪廓を忘れないでも、忘れたと同じ結果に陥って、ただ五十歩百歩の間で己の自由を見せようと苦心するだけである。素人の眼は、この方面においても、一目の下に芸術の全景を受け入れるという意味から見て、黒人に優っている。

こうなると俗にいう黒人と素人の位置がしぜん顛倒しなければならない。素人が偉くって黒人がつまらない。ちょっと聞くと不可解なパラドックスではあるが、そういう見地から一般の歴史を眺めてみると、これはむしろ当然のようでもある。昔から大きな芸術家は守成者であるよりも多く創業者である。創業者である以上、その人は黒人でなくって素人でなければならない。人の立てた門を潜るのでなくって、自分が新しく門を立てる以上、純然たる素人でなければならないのである。

（夏目漱石「素人と黒人」一九一四／『私の個人主義ほか』中公クラシックス、二〇〇一）

「素人が偉くて玄人がつまらない」という逆説である。漱石は、その根拠として、前半で、素人は芸術の全体を把握する力において玄人に優ると言い、さらに後半では、昔から大芸術家は創業者であり、創業者は素人であったと述べている。この二つの根拠によって、この命題は「ものごとの本質を正しく捉えている」という逆説の要件③を満たすと考えられる。

次に、「素人が偉くて玄人がつまらない」という命題は、「玄人は素人に優る」という世の中の常識と対立しており、要件①の「反常識性」という点で逆説となる。

また、「素人」という語は、元来「玄人」の対義語として使われることばであり、「素人」には「玄人より劣る」という意味が含意されている。したがって、「素人は偉い」「玄人はつまらない」はどちらも対義結合であり、この二要素を結び付けた「素人が偉くて玄人がつまらない」は②の「対義性」という点からも逆説となる。

このように、「素人が偉くて玄人がつまらない」は、①命題の外部にある「常識」と対立し、②命題の内部は対義結合であり、さらに、③この命題には「ものごとの本質を正しく捉えている」と言える十分な根拠がある。したがって、これは三要件をすべて満たした逆説であると言える。

逆説の生まれる仕組み

以上のように、逆説には「反常識性」と「対義性」という目に付きやすい特性があるが、ある表現が逆説であるためには、「ものごとの本質を正しく捉えている」という条件も満たさなければならない。そのような表現はどのようにして生まれるのか。

次の清岡卓行の評論では「逆説」が語られているが、この文章は同時に、逆説が生まれる仕組みも明らかにしている。


ミロのヴィーナスを眺めながら、彼女がこんなにも魅惑的であるためには、両腕を失っていなければならなかったのだと、ぼくはふとふしぎな思いにとらわれたことがある。つまり、そこには、美術作品の運命という制作者のあずかり知らぬなにものかも、微妙な協力をしているように思われてならなかったのである。

パロス産の大理石でできている彼女は、十九世紀の初めごろメロス島で、そこの農民により思いがけなく発掘され、フランス人に買い取られて、パリのルーヴル美術館に運ばれたと言われている。そのとき彼女は、その両腕を、故郷であるギリシアの海か陸のどこか、いわば生ぐさい秘密の場所にうまく忘れてきたのであった。いや、もっと適確に言うならば、彼女はその両腕を、自分の美しさのために、無意識的に隠してきたのであった。よりよく国境を渡って行くために、そしてまた、よりよく時代を超えて行くために。このことは、ぼくに、特殊から普遍への巧まざる跳躍であるようにも思われるし、また、部分的な具象の放棄による、ある全体性への偶然の肉迫であるようにも思われる。

ぼくはここで、逆説を弄しようとしているのではない。これはぼくの実感なのだ。

（清岡卓行「失われた両腕」一九六六／『手の変幻』講談社文芸文庫、一九九〇）

比較的短い文章（文庫版で約四ページ）の冒頭部分であるが、ここに語られていることは全体が逆説であると言ってよい。

まずそれは、ミロのヴィーナスが「こんなにも魅惑的であるためには、両腕を失っていなければならなかったのだ」という形で語り出される。ここでは、「こんなにも魅惑的」という「美の完全性」を意味する表現が、両腕を失うという「不完全性」と結び付いて対義結合となっている。

第二段落では、右の箇所が類同的に変奏されて、「彼女はその両腕を、自分の美しさのために、無意識的に隠してきた」という表現になる。この箇所では、「美しさ」と「隠す」が対義的な関係である。さらに、二段落末尾の「部分的な具象の放棄による、ある全体性への偶然の肉迫」によって、逆説はその典型的な表現をもつことになる。「部分的な具象の放棄」と「全体性への肉迫」の対義結合は、「部分」が集まって「全体」ができるという常識と完全に対立している。

さて、この二段落末尾までくると、筆者もさすがに「逆説を弄し」ているような気分になったのかもしれない。第一段落の冒頭は確かに、ミロのヴィーナスを眺めたときの、筆者の偽らざる実感であったに違いない。その実感は逆説としてしか表現し得ないものであった。しかし、その実感を詳しく説明しようとすると、話は俄に「理知的」になっていく。筆者としても少し弁明の必要を感じて、「逆説を弄しようとしているのではない。実感なのだ」という断り書きを入れたものと思われる。

この弁明の意味は正しく読まれなければならない。それは、敢えて敷衍するなら、「僕の述べていることは、確かに逆説になっている。しかし、僕は逆説を述べよう、逆説をもてあそぼうと思ってこのように述べているのではない。僕はただ僕の実感を表現しただけなのだ。実感をことばにしたらそれが逆説になった、ということなのだ。」という意味である。

この文章で、筆者はまずミロのヴィーナスを「眺め」、眺めることによって「ふしぎな思い」にとらわれ、さらに、その思いに基づいて、美術作品の運命について「思索」を巡らしている。そのようにして生まれたものが、右の「逆説」であった。この文章は、「逆説」が、逆説を弄しようとする精神からではなく、対象の観察（見ること）と、観察が生む実感（感じること）と、実感に基づく思索（考えること）とから生まれるものであることを、巧まずして、鮮やかに語っている。

ルソーの逆説と観察

フランスの思想家ルソー（一七一二〜一七七八）は、教育を中心に据えた思想書『エミール』（一七六二年刊行）のなかで、逆説に関して次のように述べている。

ここでわたしは教育ぜんたいのもっとも重大な、もっとも有益な規則を述べることができようか。それは時をかせぐことではなく、時を失うことだ。一般の読者よ、わたしの逆説を許していただきたい。深く考えてみると、逆説を言わなければならない。そしてあなたがたがなんと言おうとも、わたしは偏見にとらわれた人間であるよりは、逆説を好む人間でありたい。

（ルソー『エミール』今野一雄訳、岩波文庫、二〇〇七）

ルソーによれば、生れてから十二歳までの時期は人生の最も危険な期間であるが、この期間に一般の大人は子どもを子どもにしようとせず、物知りにしようとして、叱ったり、機嫌を取ったり、道理を説いたりする。しかし、この時期には何もせず、何も知らせずに、健康で頑丈な体にして十二歳まで導いていくのが一番よい。つまり、「時を失う」ことがこの時期の子どもに対する最も大事な対し方だと、ルソーは主張する。

本文のことばに戻して言えば、ここには、「教育の最も重大で最も有益な規則は、時を失うことだ」という逆説が語られている。これは、世の常識に反するという点で逆説であり、同時に、「時を失う」という通常はマイナスと考えられる行為に「最も重大で最も有益」というプラスの価値が結び付いている点で、対義結合でもある。

さて、ルソーはここで、「深く考えてみると、逆説を言わなければならない」と述べている。つまり、深い思索は、逆説という形で表現される。では、深い思索はどこから生まれるのか。『エミール』の序文は、これについて次のような解答を示している。

人は子どもというものを知らない。子どもについてまちがった観念をもっているので、議論を進めれば進めるほど迷路にはいりこむ。このうえなく賢明な人々でさえ、大人が知らなければならないことに熱中して、子どもにはなにが学べるかを考えない。かれらは子どものうちに大人をもとめ、大人になるまえに子どもがどういうものであるかを考えない。この点の研究にわたしはもっとも心をもちいて、わたしの方法がすべて空想的でまちがいだらけだとしても、人はかならずわたしが観察したことから利益をひきだせるようにした。なにをしなければならないかについては、わたしは全然みそこなっているかもしれない。しかし、はたらきかけるべき主体については、わたしは十分に観察したつもりだ。とにかく、まずなによりもあなたがたの生徒をもっとよく研究することだ。あなたがたが生徒を知らないということは、まったく確実なのだから。

（同『エミール』）

『エミール』の根底にあるのは子どもの観察であった。多くの大人がろくに観察もしないで間違った観念を抱いている子どもについて、ルソーは十分な観察をした。そして、その観察に基づく思索から、最初に引用したような逆説が生まれたのであった。

ここには、逆説の生まれる過程について、ミロのヴィーナスの場合とほとんど同じことが語られている。「逆説」は反常識的な言説であるが、常識に反する発言がいつも逆説になるわけではない。対象をよく見て、よく感じ、考えること。それによって対象の本質を正しく捉えることができたとき、それを表現することばはしばしば常識に反する「逆説」となる。

詩の中の逆説

「逆説」は、時には詩という形式で表現されることもある。次の詩が語る逆説は、一枚の写真を見ること、そしてそれについて考えることから生まれた。

崖　　　　石垣りん

戦争の終り、
サイパン島の崖の上から
次々に身を投げた女たち。

美徳やら義理やら体裁やら
何やら。
火だの男だのに追いつめられて。

とばなければならないからとびこんだ。
ゆき場のないゆき場所。
(崖はいつも女をまっさかさまにする)

それがねえ
まだ一人も海にとどかないのだ。
十五年もたつというのに
どうしたんだろう。
あの、
女。

(『石垣りん詩集』思潮社、一九七一)

第一次大戦後サイパン島は日本の委任統治領になり、沖縄をはじめ日本国内からも多数の移住者があった。太平洋戦争開戦から二年半たった一九四四年六月、この島にアメリカ軍が上陸する。戦闘は約一カ月間続き、日本の守備隊三万人と住民一万人が戦死または自決した。

戦時中、捕虜にならないことは日本人に強いられた「美徳」であった。追いつめられた女性たちは、サイパン島の断崖絶壁から海に向かって次々に身を投げた。

アメリカ軍はその光景を洋上から撮影し、記録として残した。それが、戦後、日本でも公開された。写真には、断崖を飛び降りてまだ海に届かない若い女性の姿が写っていた。

石垣りんは、その写真に、身を投げるに至った「追いつめられた」女たちと、それから十五年余りたった「現在の」女たちとを見た。石垣は、後にこう語っている。「あそこには死んでも死にきれない女の姿がある。戦争が終わって十五年もたつというのに、まだ私たちの中には、追いつめられたような状態で、不本意な立場で生き続けているものがあるのではないか、と考えたのです。死にきれないでいる女の姿と、現在の女というものを重ね合わせてみました」(「私の自叙伝」、『図書』岩波書店、一九七九年九月号)。

この詩には、二つの逆説表現が見られる。「ゆき場のないゆき場所」。「(海に飛び込んだのに)まだ一人も海に届かないのだ」。「深く考えてみると、逆説を言わなければならない」、そういう詩である。

第十七章　アイロニー（反語・皮肉）

アイロニー・反語・皮肉

「アイロニー」も〈対立の構造〉の応用形式と考えられる。「アイロニー」は「反語」「皮肉」と訳されることもあるが、この三者には意味の違いがある。

前章で参照した佐藤信夫の『レトリック認識』は、「アイロニー」についても詳しい考察を提供している。そこでは「アイロニー」の訳語として「反語」を用いているが、第7章「反語」は、冒頭に次のような断り書きを掲げている。

現在、私たちは《反語》ということばを、おおむね二とおりの意味で使っている。そのひとつは、言いたい真意とは反対の意味の表現を疑問文のかたちで述べることであり（「そのようなことが許されていいものでしょうか」）、もうひとつは、真意とは反対の意味をはっきり表現する（ただし、それが反意であることをそれとなくしめしておく）ような言述である。

いま私たちがことばの《あや》のひとつの型として検討しようとしているのは、あとのほうの用語法としての《反語》であり、伝統レトリックでイロニー（アイロニー）と呼ばれてきたものである。

（佐藤信夫『レトリック認識』一九八一／講談社学術文庫、一九九二）

「アイロニー」の訳語に「反語」を用いるには、まずこれくらいの前置きが必要であろう。厄介なのは、最初の「反語」の方が学校教育ではよく知られていることである。それは、「古文」や「漢文」の時間に、「…だろうか、いや…ない」という訳し方とともに繰り返し教えられる。

もう一つの訳語である「皮肉」の場合、事情はさらに込み入っている。例えば、予定の時刻にかなり遅れてきた者に対して「ずいぶん早かったね」などと言えば、言われた方もこれを「皮肉」として受け取るに違いない。これが我々の知っている狭義の「皮肉」であり、これには毒や刺、ないしは風刺的なニュアンスが含まれている。このような狭義の「皮肉」は「アイロニー」の下位分類の一種と考えられている。

「アイロニー」は、この狭義の「皮肉」のような非難や風刺を必要条件とはしていない。しかし、面倒なことには、「皮肉」ということばもまた、そうした風刺的な意味を帯びずに使われることがある。そのような広い概念における「皮肉」は「アイロニー」と同義であると言ってよい。

結局、「アイロニー」とは、二種類ある「反語」の一方であり、また、広義の「皮肉」のことであり、我々にとって馴染みの深い狭義の「皮肉」は「アイロニー」の一種、その下位分類の一つである、ということになる。

アイロニーの定義と構造

右の『レトリック認識』では、「アイロニー」は、「真意とは反対の意味をはっきり表現する（ただし、それが反意であることをそれとなくしめしておく）ような言辺」とされていた。ただし、これは長めの定義であり、同書には、「真意の裏返しの表現」、「真意の反対を語ることば」という短い定義も見られる。これは「真意とは逆の表現」と言い換えてもよいだろう。

つまり、アイロニーでは、表現の意味が反転している。表現する側からは、アイロニーとは「真意を反転させた表現」であり、例えば、「ずいぶん遅いね」という真意を反転させて、「ずいぶん早かったね」と表現するのがアイロニーである。一方、理解する側からは、アイロニーとは「普通の意味を反転させて理解すべき表現」であり、「ずいぶん早かったね」を額面通りにではなく、意味を反転させて「ずいぶん遅いね」と理解するとき、この表現はアイロニーとなる。

しかし、表現というものがすべてそうであるように、アイロニーの場合も、表現と理解が常に幸福な一致を見るわけではない。ある場合にはアイロニーがアイロニーとして理解されず、ある場合には、話す方はそのつもりがないのに聞く方がアイロニーとして受け取ってしまう。前者の場合、話し手の「真意」は、理解されないまま表現の裏側に留まるが、後者の場合には、話し手の「真意」と思ったものは、聞き手の心中に生じた仮想にすぎないことになる。

この後者の例は、「話し手の真意」というものが、アイロニーにとって、実は必須の要件ではないことを示している。すなわち、話し手の真意がどうあれ、表現されたことばに「普通に考えられる意味とは逆の意味」が読み取れるとき、そのことばはアイロニーとなる。ここで、アイロニー成立の必須の要件となるのは、その表現が「普通に考えられる意味とは逆の意味を表す」ということだけに限定される。

また、アイロニー成立の要件を右のように考えるとき、アイロニーになり得る対象は、表現されたことばに限らず、人間の行為、存在する事物、発生した現象など、「表現一般」に拡張できる。すなわち、あることば・行為・事物・現象などが普通に考えられる意味とは「逆の意味」を表している と理解される場合、我々はそれらをアイロニーとして捉えていることになる。

このように、アイロニーを、言語表現に限らず、広く表現一般に認められるものと考えるとき、「アイロニー」とは、「普通に考えられる意味とは逆の意味を表す表現」と定義できる。また、この一般的に定義されたアイロニーでは、その〈対立の構造〉は、「普通に考えられる意味」と「普通とは逆の意味」の対立関係として説明できる。

歴史のアイロニー

ここからは、「アイロニー」の例を具体的に検討してみたい。次の文章では、「皮肉」ということばで歴史的な現象が語られている。

インダス文明遺跡が分布する地域はタール沙漠とその縁辺域である。最初から沙漠だったところに文明が栄えたわけではない。インダス時代は緑豊かな草原と森林に囲まれていたことが、当時のシール（一種の印章）に記された動物の種類から推定されている。豊かな環境が沙漠に変わったことが、おそらく文明を衰退させたのだ。

それでは、なぜ沙漠化が進行したのだろうか。気候の変化や地殻変動の影響も無視できないが、やはり文明の影響が大きいと考えられている。文明の影響、そのひとつはレンガである。レンガを焼くには燃料が不可欠である。石炭が発見される以前のことであるから、燃料は薪しかない。現在、モエンジョ・ダロ遺跡やハラッパ遺跡の周辺は沙漠であり、森林はない。大量のレンガや土器を焼いたため、樹がなくなったのである。典型的ともいえる森林破壊が起こったのだ。

沙漠化を招いたもうひとつの原因は灌漑農耕である。インダス河流域の中流にはソルト・レンジと呼ばれる岩塩層がある。数百メートルの厚みを持つ岩塩層の上面は地表に露出しており、現在も岩塩の露天掘りがおこなわれている。インダス河はこの岩塩層を貫いて流下してくる。したがって、インダス河の水は塩を多く含む。日本列島と異なり、この地域は年間降水量五〇〇ミリ以下という乾燥地帯である。灌漑しなければ作物は育たない。灌漑された水は地下へ浸透する間もなく塩を残して蒸発してしまう。塩分の多い灌漑水は畠土に塩を運び、蓄積していく。その結果、畠の表面が白くなるほど塩がたまり、作物どころか、雑草も樹木も生育できなくなってしまう。（中略）

インダス文明を支えた二本の柱、レンガと灌漑農耕は当時のハイテク技術であり、文明の基盤であった。皮肉なことに、その二本柱が文明の発展とともに文明自身を滅ぼす沙漠化の原因となったのである。

（藤原宏志『稲作の起源を探る』岩波新書、一九九八）

ここでは、「レンガと灌漑農耕」がアイロニーとなっている。

筆者はこの二つに対して「皮肉なことに」と言っているが、この「皮肉」は風刺的な意味のない広義の用法であり、「アイロニー」と同義である。「皮肉」は名詞と形容動詞を兼ねているため、本文のように、「皮肉な」「皮肉なことに」という表現も可能になる。この点で、「皮肉」は、「アイロニー」より便利な用語と言える。

さて、この「レンガと灌漑農耕」は、「文明を発展させるはずのものが、文明を滅ぼす原因となった」という点でアイロニーである。先の一般的定義に当てはめるなら、レンガと灌漑農耕の「普通に考えられる意味」は「文明を発展させる」であり、「普通とは逆の意味」は「文明を滅亡させる」となる。つまり、普通には正の意味をもつと考えられるものが負の役割を果したという点に、アイロニーの特性である「意味の反転」を見ることができる。

また、ここでの「普通の意味」は、レンガと灌漑農耕に関して予想ないし期待されることであり、「逆の意味」は、それらに関して歴史的に発生した結果や現実を指している。したがって、このアイロニーにおける「普通の意味」と「逆の意味」の対立は、「予想」と「結果」の対立や、「期待」と「現実」の対立という形で表現することもできる。

アイロニーと逆説

ところで、「文明の発展」と「文明の滅亡」は言うまでもなく対義関係にある。したがって、右の文中の「その二本柱が文明の発展とともに文明自身を滅ぼす沙漠化の原因となった」という箇所は、一種の対義結合であり、その反常識性の点からも逆説と見ることができる。

では、アイロニーと逆説はどう違うのか。

逆説の場合、対立する二要素はどちらも表現の表に現れて対義結合を作る。右の場合には、文明の「発展」と「滅亡」が表現の表で結合し、「文明の発展の原因が文明の滅亡の原因になった」という一見矛盾する命題を形成している。これが逆説である。

一方、アイロニーの場合には、ある「ことばやものごと」の表の意味（普通に考えられる意味）と裏の意味（普通とは逆の意味）が対立する。右の場合、アイロニーとなるのはレンガと灌漑農耕であるが、それらの表の意味である「文明の発展」と裏の意味である「文明の滅亡」が対立する関係になっている。

これを一般化すれば次のようになろう。Sという題目にAとBという対立する叙述が結合するとき、その対義結合をもつ表現は「逆説」となる。つまり、逆説は「AであるSはBである」と記述できる。これに対して、普通はAと理解されているSがそれとは逆のBという意味を表すと考えられるとき、そのSは「アイロニー」となる。アイロニーの本質は意味の反転にある。

アイロニーにおいて、AとBは、Sという表現の表と裏で対立している。一方、逆説では、対立するAとBが、Sを題目とする表現の表側で結合する。したがって、アイロニーにおけるAとBをSについての対義結合に直して「AであるSはBである」と表現すれば、それがすなわち逆説となる。つまり、アイロニーはこのような手続きによって逆説に変換できる。

ミロのヴィーナスのアイロニー

前章で取り上げた清岡卓行「失われた両腕」は、「逆説」で始まったが、最後は「アイロニー」で終わる。以下に引用するのは、その末尾の部分である。

なぜ、失われたものが両腕でなければならないのか？　ぼくはここで、彫刻におけるトルソの美学などに近づこうとしているのではない。腕というもの、もっときりつめて言えば、手というものの、人間存在における象徴的な意味について、注目しておきたいのである。それが最も深く、最も根源的に暗示しているものはなんだろうか？　ここには、実体と象徴のある程度の合致がもちろんあるわけだが、それは、世界との、他人との、あるいは自己との、千変万化する交渉の手段である。いいかえるなら、そうした関係を媒介するもの、あるいは、その原則的な方式そのものである。だから、機械とは手の延長であるという、ある哲学者が用いた比喩はまことに美しく聞えるし、また、恋人の手をはじめて握る幸福をこよなく讃えた、ある文学者の述懐はふしぎに厳粛なひびきをもっている。どちらの場合も、きわめて自然で、人間的である。そして、たとえばこれらの言葉に対して、美術品であるという運命をになったミロのヴィーナスの失われた両腕は、ふしぎなアイロニーを呈示するのだ。ほかならぬその欠落によって、逆に、可能なあらゆる手への夢を奏でるのである。

（清岡卓行「失われた両腕」一九六六／『手の変幻』講談社文芸文庫、一九九〇）

ミロのヴィーナスの失われた両腕が呈示する不思議なアイロニー。「アイロニー」の一般的な定義をここに適用すれば、「ミロのヴィーナスの失われた両腕は、普通に考えられる意味とは逆の意味を表す」という命題が得られる。

この場合、「普通に考えられる意味」とは「両腕の欠落が人間にもたらす意味」である。右の本文の大半は、それを言う前提として、「人間にとっての腕や手の意味」を考察している。本文によれば、それは、人間が世界と、他者と、そして自己自身と関係する現実の手段であり、同時にそうした関係の象徴でもある。

例えば、人間は、身体のなかでも特に腕や手を使うことによって、自然や他者に働きかけ、労働という行為を行なってきた。あるいは、人間の愛情も憎悪も手や腕によって表現され、それらを用いることで人間は互いに近づくことも遠ざかることもできる。腕や手はそれらを実際に行なうとともに、人間の取り結ぶそうした多様な関係を豊かに象徴するものでもある。文中の哲学者や文学者のことばは、このような手の果たす役割をそれぞれの視点から賛美したものと言える。

したがって、「失われた両腕」が人間の現実として起こるなら、それは、「千変万化する交渉の手段」の欠落を意味することになろう。

しかし、こうした人間にとっての「普通の意味」が、美術品であるミロのヴィーナスの場合、「逆の意味」へと反転する。すなわち、両腕の喪失は、ミロのヴィーナスを、無数の腕を想像させる暗示的表現へと飛躍させた。つまり、本文のことばによれば、ミロのヴィーナスの失われた両腕は、「ほかならぬその欠落によって、逆に、可能なあらゆる手への夢を奏でる」のであった。

この最後の一文において、「逆に」はアイロニーであることの標識である。「逆に」とは、解説的に言い直せば「普通の意味を反転させて」ということにほかならない。

墓標のアイロニー

『漱石全集』の「総索引」（岩波書店、二〇〇四）によれば、漱石の文章中には計十二回「アイロニー」の語を見ることができる。このほかに、アイロニーを意味する「反語」の用例もあり、さらに、それと名指さずにアイロニーとなっている表現も少なからず存在すると考えられる。

ここから先は、漱石作品に見られるアイロニーをいくつか取り上げることにしたい。最初は、「アイロニー」と明示された十二例のうちの、『こころ』上「先生と私」に見える用例である。

先生と私は通りへ出ようとして墓の間を抜けた。依撒伯拉《イサベラ》何々の墓だの、神僕ロギンの墓だのというかたわらに、一切《いっさい》衆生《しゅじょう》悉《しつ》有《う》仏生《ぶっしょう》と書いた塔婆などが建ててあった。全権公使何々というのもあった。私は安得烈と彫りつけた小さい墓の前で、「これはなんと読むんでしょう」と先生に聞いた。「アンドレとでも読ませるつもりでしょうね」と言って先生は苦笑した。

先生はこれらの墓標が現わす人さまざまの様式に対して、私ほどに滑稽もアイロニーも認めてないらしかった。私が丸い墓石《はかいし》だの細長い御影《みかげ》の碑だのをさして、しきりにかれこれ言いたがるのを、はじめのうちは黙って聞いていたが、しまいに「あなたは死という事実をまだまじめに考えたことがありませんね」と言った。私は黙った。先生もそれぎりなんとも言わなくなった。

（『こころ』上「先生と私」第五回／角川文庫、二〇〇四）

先生は、毎月決まった日に雑司が谷墓地に出かける。そこにはKの墓があった。留守の家を訪ねた「私」は、行き先を聞いて後を追い、墓参りを終えて茶店から出てきた先生を見付ける。先生にとって、墓地を訪ねることは世間をはばかる秘密の行為であった。一方、「私」には、鎌倉の海で出会って以来、およそ二カ月ぶりの先生との再会であった。若い心は外に向いていた。些細なことにも好奇心が動き、普通の人にとって当たり前のことも滑稽と感じられた。墓標の形、刻まれた文字、漢字を当てた異国の人名、混在する宗教的な差異、これらはどれも「私」の好奇心の対象であり、また「私」の目には「滑稽」の種となった。

「アイロニー」はこのような「滑稽」と並列され、どちらも墓標に対して向けられている。このとき、対象にアイロニーを認めた精神は、それを滑稽と感じた精神と別のものではない。

「滑稽」の対義語を右の本文から抜き出すとしたら、先生の発言にある「まじめ」がそれになるだろう。先生に限らず墓参に来る人の通常の感覚からすれば、墓地も墓標も至極「まじめ」なものである。普通は「まじめ」な意味をもつ墓標に「滑稽」という意味を認めたとき、墓標は「私」にとってアイロニーとなった。

劇的アイロニー

先に述べたように、ことばの意味が反転するとき、「これはアイロニーである」という注釈が必ず付くというわけではない。むしろ、そのような注記のある方が例外であって、多くの場合、アイロニーは、そうした断りなしに表現の場に現れる。

そのような非明示的なアイロニーを、これも『こころ』上「先生と私」から一例取り上げてみたい。先生を訪問して大学卒業を報告した「私」が、先生の家を辞去する場面である。


先生と奥さんは玄関まで送って出た。

「御病人をお大事に」と奥さんが言った。

「また九月に」と先生が言った。

私は挨拶をして格子の外へ足を踏み出した。玄関と門の間にあるこんもりした木犀《もくせい》の一株が、私のゆくてをふさぐように、夜陰のうちに枝を張っていた。私は二、三歩動き出しながら、黒ずんだ葉におおわれているその梢を見て、来たるべき秋の花と香《か》を思い浮かべた。私は先生の家《うち》とこの木犀とを、以前から心のうちで、離すことのできないもののように、いっしょに記憶していた。

（『こころ』上「先生と私」第三十五回）

劇中人物の言動の意味をその当人は知らず、見ている観客は知っているという場合、そこに成立する意味の反転は「劇的アイロニー」ないしは「悲劇的アイロニー」と呼ばれる。これら

「また九月に」や「来たるべき秋の花と香」は、このような意味でのアイロニーである。これらは「私」の再訪を予告する表現と言えるが、先生は秋を待たずに自ら命を絶ち、予告された意味でのの「私」の再訪は永久に実現しない。『こころ』の結末を知る者は、そのような裏の意味を知りながらこの箇所を読むことになる。

アイロニーとしての人間

さて、一般的な意味での「アイロニー」とは、「普通に考えられる意味とは逆の意味を表す表現」であった。また、このようなアイロニーになり得る対象は、表現されたことばに限らず、人間の行為、存在する事物、発生した現象など、広く「表現一般」に広げて考えることができた。この「表現一般」には、「人間」も入るであろう。存在する人間はそれ自体一つの表現である。

人は、対人関係において、例えば「Aさんは親切な人」、「Bさんは気難しい人」というように、

相手に応じた意味づけを行なっている。これが、それぞれの相手の「普通に考えられる意味」であり、相手は、通常、その意味の範囲内で発言したり行動したりする。しかし、相手がこの「普通に考えられる意味」を裏切るような言動をしたとき、あるいはそのような言動をしたと疑われるとき、相手の人間は、「普通の意味」を反転させて「アイロニー」となる。

『こころ』の下「先生と遺書」には、そのような「アイロニーとしての人間」が次々に登場する。「先生」が残した遺書は、アイロニーの宝庫と言ってもよい。

遺書に登場する最初の主要な人物は「叔父」であるが、叔父は、先生が人生で最初に出会った否定的なアイロニーであった。「先生と遺書」の第三回から第九回で、先生は両親を相次いで亡くし、父の弟である叔父の世話を受けて東京の高等学校に入るが、その卒業の年に故郷を永久に離れる決心をする。これは、信じていた叔父が先生にとってアイロニーとなる過程でもあった。

私が三度目に帰国したのは、それからまた一年たった夏のとっつきでした。（中略）ところが帰ってみると叔父の態度が違っています。元のようにいい顔をして私を自分の懐《ふところ》に抱こうとしません。それでも鷹揚《おうよう》に育った私は、帰って四、五日のあいだは気がつかずにいました。ただ何かの機会にふと変に思いだしたのです。（中略）不意に彼と彼の家族が、今までとはまるで別物のように私の目に映ったのです。私は驚きました。そうしてこのままにしておいては、自分の行先がどうなるかわからないという気になりました。（『こころ』下「先生と遺書」第七回）

叔父は、先生が東京に出ていた三年の間に、先生の所有する財産をごまかしていたのであった。この事件によって人間に対する猜疑心を植え付けられた先生は、下宿先の「奥さん」の態度にも疑いの目を向ける。「奥さん」もその存在がアイロニーとなるのである。

私はどういう拍子かふと奥さんが、叔父と同じような意味で、お嬢さんを私に接近させようとつとめるのではないかと考えだしたのです。すると今まで親切に見えた人が、急に狡猾な策略家として私の目に映じてきたのです。

（『こころ』下「先生と遺書」第十五回）

やがて、親友のKが先生にとって巨大なアイロニーとなる。「道のためにはすべてを犠牲にすべきものだ」という第一信条をもつKが、ある日突然お嬢さんへの恋を打ち明けたのである。

私には第一に彼が解しがたい男のようにみえました。どうしてあんな事を突然私に打ち明けたのか、またどうして打ち明けなければいられないほどに、彼の恋がつのってきたのか、そうして平生の彼はどこに吹き飛ばされてしまったのか、すべて私には解しにくい問題でした。

（『こころ』下「先生と遺書」第三十七回）

結論を急げば、先生が最後に見いだしたアイロニーは、自分自身であった。Kが自殺し、自分が望み通りお嬢さんと結婚したとき、先生は自分自身に生じた「意味の反転」を自覚する。

叔父に欺かれた当時の私は、ひとの頼みにならないことをつくづくと感じたには相違ありませんが、ひとを悪くとるだけあって、自分はまだ確かな気がしていました。世間はどうあろうともこのおれはりっぱな人間だという信念がどこかにあったのです。それがKのためにみごとに破壊されてしまって、自分もあの叔父と同じ人間だと意識した時、私は急にふらふらしました。ひとに愛想《あいそ》を尽かした私は、自分にも愛想を尽かして動けなくなったのです。

（『こころ』下「先生と遺書」第五十二回）

このようにして先生は次第に、自分の前に残されているのは、自分の手で自分の存在を葬ることだけだと思うようになる。

右には取り上げなかったが、先生にとっては結婚する前の「お嬢さん」も大きなアイロニーであった。「先生と遺書」は、叔父に始まって、奥さん、お嬢さん、Kが次々にアイロニーとなり、ついには先生自身が自分にとってアイロニーになるという物語である。この物語は「アイロニーの悲劇」と呼ぶこともできるだろう。

第十八章　弁証法

弁証法の構造

〈対立の構造〉の応用形式として三番目に取り上げるのは「弁証法」である。
「弁証法」は古代ギリシアの「ディアレクティケー」を起源とする。「ディアレクティケー」は、プラトン（前四二七〜前三四七）の対話篇（ソクラテスを主役とする問答形式の著作）において完成されたが、通説に拠れば、この段階では「対話術」ないしは「問答法」と呼ぶべき性格のものであった。近代になってこれを「弁証法」として確立したのが、ドイツのヘーゲル（一七七〇〜一八三一）である。ヘーゲルにおいて弁証法は人間の思考の論理であるとともに自然や社会を貫く運動の論理とされ、この弁証法に基づいてヘーゲルは、人間の精神の発展および哲学・芸術・歴史などの発展を体系的に説明しようとした。

ヘーゲルの弁証法は、すでに明治期の日本でも知られていた。例えば、三宅雪嶺（一八六〇〜一九四五）は、西洋の哲学を紹介した『哲学涓滴《けんてき》』（明治二十二年刊）のなかで、ヘーゲルの弁証法を「三断法」と訳して次のように説明している。（新字新かなに改め、かな書きを増やした。）

今略して三断法の論式を示さば、ここに甲なる本義の起るあれば、必ず之に随《したが》て非甲なる反対の義の起るものとし、甲と非甲と已に対立するときは、両義もとより相反すれども、而もまた必ず相合すべきの理あるを以て、之を総合して乙なる義の起るものとす。而して甲を本断と云い、非甲を反断と云い、乙を合断という。

（『明治文學全集33　三宅雪嶺集』筑摩書房、一九六七）

「甲なる本義」とは、出発点となる最初の命題であり、一般にこれは「テーゼ」や「正」と言われる。「非甲なる反対の義」は、テーゼを否定する命題であり、「アンチテーゼ」・「反」と言われている。この二つの命題は対立する関係にあるが、弁証法ではいずれか一方を捨てて他方を採るということではなく、両者を総合して新たな命題に到達しようとする。その総合された命題が「乙なる義」であり、これは「ジンテーゼ」・「合」と呼ばれる。

ヘーゲルの弁証法で最も重視されていたのは、事物や思考の内部から生じる矛盾・対立であった。つまり、右の引用文中の、「ここに甲なる本義の起るあれば、必ず之に随て非甲なる反対の義の起る」という点にヘーゲル弁証法の核心があったと言える。ヘーゲルは、この点について『論理学』（小論理学）の中で次のように述べている。

弁証法の運動を的確にとらえ認識することは、この上なく重要なことです。それは現実世界のすべての運動、すべての生命、すべての活動の原理です。同様に、弁証法の運動は真に学問的な認識すべての魂でもある。（中略）きちんと事態を見ると、有限なものは外から限定を受けるだけでなく、自分みずからの本性によって自分を破棄し、反対物へと移行していきます。たとえば、「人間は死ぬものだ」といわれる場合、日常の意識においては、死は外的環境によってもたらされるだけのことで、人間の二つの特性として、生きることと死ぬことがあると考えられる。が、死の真相をとらえる目には、生命そのものが死の種を内に宿すこと、有限なものが内部矛盾を起こし、自己解体していくことが見えてきます。

（ヘーゲル『論理学（哲学の集大成・要綱 第一部）』長谷川宏訳、作品社、二〇〇二）

ここには、弁証法が人間の思考を含む現実世界のすべての運動の原理であること、そして、その運動の原動力となるのが事物や思考の「内部矛盾」であることが端的に示されている。

この点について、岩佐茂・島崎隆・高田純編『ヘーゲル用語事典』（未來社、一九九一）は次のように説明する。

〈正‐反‐合〉の図式では、《正（These《テーゼ》）》の命題と、それに対立する《反（Antithese《アンチテーゼ》）》の命題とが外面的に折衷されて、そこに統一的な《合（Synthese《ジンテーゼ》）》の命題が生ずるとされる傾向がある。だが、このような安易な図式こそ、ヘーゲルが嫌ったものである。

三段階的弁証法のポイントは第二項が第一項の否定であるとともに、第三項への媒介（橋渡し）をすることであり、また第三項が第一項へのなんらかの復帰――したがって円環を描く――になっていることである。第一項の《端緒（始元 Anfang《アンファング》）》はいまだ未発展の抽象的なものであるが、それ以後の展開のすべてを内包している。《進展（Fortgang《フォルトガング》）》は第一項の内部矛盾により生じる。第二項は第一項の自己分化、自己分裂であり、続く第三項はこの部分の統一の段階である。第三項の《終局（Ende《エンデ》）》はまた、未分化的統一としての第一項と分裂としての第二項との統一ともみられる。（『ヘーゲル用語事典』、「弁証法」の項、島崎隆執筆）

弁証法の三つの段階にはさまざまな呼び名がある。三宅雪嶺は〈本断‐反断‐合断〉と訳していたが、右の事典では、〈端緒（始元）‐進展‐終局〉のほかに、〈第一のもの‐第一の否定‐第二の否定（否定の否定）〉、〈直接性‐媒介性‐直接性の回復〉、〈即自‐対自‐即かつ対自〉、〈普遍‐特殊‐個別〉などを挙げている。本書で文章表現を分析する際には、一般に広く使われている〈テーゼ‐アンチテーゼ‐ジンテーゼ〉や〈即自‐対自‐即かつ対自〉などを用いることにする。

即自‐対自‐即かつ対自

〈即自‐対自‐即かつ対自〉は、事物の発展を弁証法的に説明する際によく使用される。「即自」はドイツ語の an《アン》 sich《ジッヒ》 の訳語、「対自」は für《フュア》 sich《ジッヒ》、「即かつ対自」は an《アン》 und《ウント》 für《フュア》 sich《ジッヒ》 の訳語である。

右の事典はこれについて次のように解説している。

〈即自‐対自‐即かつ対自〉の進展は、全体として、事物の発展を示す。それは未発展で単純であった事物が（即自）、みずからの多様な可能性を実現した結果、かえって統一を失って分裂に陥り（対自）、だがさらに、そのなかから高次元の段階でもとの統一を回復するプロセスとして（即かつ対自）描かれる。（中略）

「即自」は発展の可能性を秘めながらも、いまだに未分化・未展開の状態をいう。「即自的な人間」といえば、赤ん坊のことである。赤ん坊は理性的に思考する能力を素質としてもっているだけで、現実にはもっていない。そして、他人との豊かな交渉関係を自主的に行なってもいない。対自的とは、「即自」の未発展状態から出て、分裂状態を含め、みずからを多様な形で示すことである。この対自的段階は低次の意味では、区別・分裂・疎外を意味する。さきの赤ん坊の例でいうと、「自己と向き合い」、自己意識をもち始めた子供ないし青年が自分とはなにかを考え始め、かえって分裂し苦悩する状態である。これとの関連で、そこでは他人とも矛盾・葛藤に陥る。（中略）

即かつ対自の段階に達した真の大人は、現実に理性的に思考でき、しかも人間を（自分を）理性的なものとして自覚している。即かつ対自の段階は即自のもつ統一へと復帰しているが、しかもなお区別や多様性の面（対自）を豊かに含んでおり、この意味で、即自と対自の統一なのである。

（『ヘーゲル用語事典』、「即自‐対自‐即かつ対自」の項、島崎隆執筆）

さて、ここからは、弁証法による実際の文章表現を取り上げて、その内容と構造を検討してみたい。取り上げるものには二つの種類がある。一つは右のような弁証法の意識をもって書かれた文章であり、もう一つは、弁証法の意識はないが、表現のなかに弁証法的な構造を見いだすことのできるものである。

「日本の庭」の弁証法

弁証法の意識をもって書かれた文章の代表例は、加藤周一の著作に求めることができる。本書の第六章で取り上げた「日本文化の雑種性」や、第十四章でその一部を引用した「日本の庭」は、実はどちらも弁証法を明瞭に意識して書かれている。

ここでは、「日本の庭」から、弁証法的な視点によって京都の三つの庭を分析している箇所を抜き出してみたい。

①修学院離宮は、素材そのものの美しさを代表し、龍安寺は、精神にとっての素材、あるいは形式の美しさを代表する。哲学者の言葉をかりれば、一方における山の風景は、an sich の自然であり、他方における海の風景は、für sich の自然だということになろう。an und für sich の自然は、どこにあるか。

もしそれをみたければ、桂離宮へ行かなければならぬ。

②修学院の自然が、古代的・牧歌的な、an sich の自然であるとすれば、龍安寺の自然は、近代の風景画のように、近代的・客観的な für sich の自然であろう。一方では、自然的なものと人間的なものとは区別されず、したがって、自然対人間の対立を通じての自然は、おそらく意識されていない。庭は素朴に自然を摸倣するが、その本質をとらえない。他方では、自然的なものと人間的なものとがあきらかに区別され、自然は常に、人間に対する自然として意識される。庭は自然を摸倣せず、自然的な素材の効果を厳しく拒絶しながら、純粋に人間的な精神的な方法によって、即ち、かの相阿弥が、熟達し、精通し、自在に駆使した象徴主義的方法によって、自然の本質をとらえている。

③人は桂離宮を、みることができない、そのなかに入ることができるだけである。(中略)ここには水の、樹木の、苔や芝生の、自然の素材の美しさがある。また滝口の石組や、敷石の幾何学や、建築の形式、その屋根の曲線、その柱の直線、またその壁のひろがりがもつ人間的な形式の美しさがある。ここにはあらゆるものがある。(中略)

分析的にとらえることのできないもの、法則に還元することのできないもの、精神に対立し、克服すべき抵抗としての素材を藝術家に提供しながら、同時に藝術家をつつみ、藝術的実現の最後の目標としてあるもの、そのようなものとしての自然は、日本の文化のあらゆる面に予感され、暗示され、部分的に示されているが、いまだかつて他のいずれのところにおいても、全体として表現されたことがなく、ここにおいてのみ全体として表現されたものである。ここには、日本的なもののなかで、もっとも日本的なものがある。しかし、もっとも日本的なものこそは、もっとも普遍的なものであろう。

（加藤周一「日本の庭」一九五〇／『加藤周一著作集12』平凡社、一九七八）

先の『ヘーゲル用語事典』では、an sich（即自）に赤ん坊、für sich（対自）に青年、an und für sich（即かつ対自）に真の大人を配していたが、この「日本の庭」の場合、三つの段階を担うものはそれぞれ修学院離宮、龍安寺、桂離宮である。

加藤周一によれば、修学院離宮は、自然的なものと人間的なものが未分化の状態にある「即自的」な庭であり、龍安寺の庭は、自然的なものと人間的なものが分化し、自然が人間に対する自然として意識されている「対自的」な庭である。そして、この対立を総合する「即かつ対自」的な庭が桂離宮であると加藤は言う。桂離宮には、修学院離宮のような「自然の素材の美しさ」があり、同時に龍安寺の石庭のような「人間的な形式の美しさ」もある。桂離宮において自然は、人間の精神に対立しつつ（対自）、人間を包み込むもの（即自）として表現されている。

最初の段落の「哲学者」とは、もちろんヘーゲルである。「日本の庭」は、日本の敗戦直後に書かれた卓越した日本文化論であるが、論の骨格はヘーゲルの弁証法に負っている。

ただし、三つの庭は、ここに配列されている順に作られたわけではない。『岩波日本史辞典』（一九九九年刊）に拠ると、修学院離宮は後水尾院《ごみずのお》（一五九六～一六八〇）が設計して一六五五年から一六六三年頃に造営した山荘である。龍安寺の石庭（方丈庭園）は一四九九年作庭とする説と江戸時代作庭説があるが、相阿弥(?~一五二五)の作であるとすれば、前者ということになる。また、桂離宮は八条宮家の親王が一六一六年頃から一六六三年頃にかけて営んだ別荘であり、小堀遠州(一五七九~一六四七)の造営とする説はこの時期と矛盾しない。

このように、歴史的には、龍安寺石庭→桂離宮→修学院離宮の順に作られており、したがって、三つの庭の関係は、即自的な庭(修学院離宮)がまずあり、その内部の矛盾から対自的な庭(龍安寺石庭)が生まれ、両者の対立を総合するものとして即かつ対自的な庭(桂離宮)ができた、というように、「歴史的発展」として説明することはできない。

「舞姫」の弁証法

次に取り上げるのは、中野重治が森鷗外の「舞姫」について解説した文章である。中野は弁証法的な視点を持って「舞姫」を読んでいる。

若くて未婚だということは、若くなくて既婚だという場合のいぶせき地上生活からかれらをフワフワと連れて去る傾きがなくはない。そのロマンチシズムは、灰色の現実の中で時には犯罪の風をさえ帯びてくる。「舞姫」の豊太郎が、世俗的な利益と封建的な名誉とに引き替えに、恋をし結婚して子までなした仲のベルリンの貧しい女を捨てて去って気狂いにさせるくだりなどがその現われの一つである。「舞姫」を得た批評家石橋忍月が、「著者は太田をして恋愛を捨てて功名を取らしめたり。然れども余は彼が応《ま》さに功名を捨てて恋愛を取るべきものたることを確信す」といったのはそのことだったのである。

しかしこのことは、これらの一連の作、たとえば「舞姫」の価値をそれだけでけっして低くするものではない。この作は、恋愛と生活との関係を新しい面、新しい標準から照らし出してみせた。「女のことでくよくよするやつには天下はとれんぞ！」こういう言葉を、一九三三年に書かれた「人生劇場」のなかの一人の人物が叫んでいるが――そしてこの言葉は、ある意味で一九五三年の今日も妥当でなくはないが――「舞姫」は一八八九年くらいに書かれているのである。太田豊太郎は、外国での恋愛を路傍のものとして捨てて去ることはできなかった。それは彼の生涯そのものに痛みとして刻み込まれた。同時に彼は、恋愛を生かすことのなかに彼の生涯そのものを生かすという新しい道を選ぶこともできなかった。彼はけっして、恋愛を取るか世俗の功名を取るかという二者択一で単純に一方を取ったのではなかった(忍月の評には、問題をそういう風にとった傾きが全くなくはない)。結果としてその形になりながら、二者択一でなくて二者の統一がどこかで望まれている点の文学へのはじめての表現、ここに「舞姫」の力が生まれたのであった。

（中野重治「舞姫・うたかたの記 解説」一九五四／『舞姫・うたかたの記』角川文庫）

「舞姫」は明治二十三年（一八九〇年）に発表され、石橋忍月は一カ月後、右の文中にあるように、豊太郎が功名ではなく恋愛をとるべきであったと批判した。それから百年以上を経た今日でも、この評言と同じような感想をもつ読者は少なくないだろう。

これに対して、右の解説は、対立する二項（恋愛と功名）を統一する第三項（二者の統一）の可能性を指摘している。石橋忍月が恋愛と功名を平面的に対立させたのに対して、中野重治は「舞姫」という作品に弁証法的な構造を見ていた。

この中野の読み方に基づいて「舞姫」にヘーゲル的な弁証法を当てはめるとすれば、まず豊太郎の「功名の念」をテーゼとして設定し、その「功名の念」の内包する矛盾から「恋愛」というアンチテーゼが生まれることを説明する必要があるだろう。それは、豊太郎の人生が「即自」的な段階を脱して「対自」的な段階へと移行する、その過程を説明することでもある。

その後に来るべき「功名の念」と「恋愛」の統一は、思考の段階としてはジンテーゼとなるが、「彼の生涯」という点では、豊太郎が「即かつ対自」的な段階を生きることを意味する。中野の言う「恋愛を生かすことのなかに彼の生涯そのものを生かすという新しい道」は、この第三の段階に相当する。

この第三の段階は可能性として語ることができるだけであるが、第二の段階については、「舞姫」は疑問の余地のない正確さでこれを描いている。『ヘーゲル用語事典』はこの対自的段階について、「自己と向き合い、自己意識をもち始めた子供ないし青年が自分とはなにかを考え始め、かえって分裂し苦悩する状態である。そこでは他人とも矛盾・葛藤に陥る」と説明していた。この記述は、豊太郎のベルリン滞在三年目を過ぎた頃の状態に、驚くほどよく符合している。

生活の中の弁証法

現代の評論だけでなく、生活の中から生まれた文章にも弁証法は存在する。次は、そのような例を示すことにしたい。新聞に投稿された、五十一歳の女性の文章である。

結婚式の披露宴で「貧乏でもいいから温かい家庭を作ってほしい」などとあいさつしているのを見かけると、私は少々抗議したくなるのです。貧乏というものを本当にご存じないから、こんなことを軽々と口に出せるのだと思います。

十五年前の大みそか、私は屋台で年越しそばを売っていました。やっと一段落したときは十一時を過ぎ、あわててあたりを見まわしたが、どこも店はあいていない。仕方なく売れ残りのそばを持って、一間のアパートのわが家に帰りました。夕方、そばを食べに来た小学五年の息子は、ぐっすり寝込んでいます。

明日はお正月、私は思案にくれました。お米もおもちもなく、そばがあるだけ。手持ちのお金全部でやっと材料を仕入れ、夢中でそばを売ったおかげで、おもちを買う金も家賃を払う金も出来たのに店があいていない。夜が明けたら子供に何と言おう。

しらじらと明け始めた外を見て私は顔を洗い、大急ぎで着替えをしました。一番電車に飛び乗り、参拝客でにぎわう神社にお参りすると、沿道に並ぶ食堂があいていました。ウインドーの中に、いなりとのり巻きの盛り合わせがあるのを見て、私は「よかった」と心でさけんだ。さっそく包んでもらい、出がけに店の人におそるおそる「すみませんが、お米を一升わけていただけませんか」と小さな声で頼むと、不思議そうな顔をしながら、それでも奥からお米を持って来てくれました。

私は二つの包みをかかえて一目散に帰り、あつあつのご飯とみそ汁、おすしを盛って子供の起きるのを待ちました。でも一番先に「おもちは」と聞かれ、どぎまぎしたものです。それから二、三年は大みそかになると、息子は必ず「おもち出来た？」と念を押すようになりました。

あれから十五年、息子は独立して家を離れ、当時実家に預けていた娘は二十二歳、療養中だった夫は五年前から社会復帰して小企業に勤め、今年は初めて二けたのボーナスをもらいました。いま私は、家族そろっておもちと、夫の大好きなお酒のあるお正月を迎えられる幸せをしみじみと感じています。

（森田たえ子「貧乏とは本当につらいもの」、朝日新聞「ひととき」一九七六年一月一四日）

語られていることの大半は生きることの懸命な姿である、と言ってよいだろう。「貧乏とは本当につらいもの」という題名が付いているが、夢中で生きていたとき、当人には「貧乏」という意識さえなかったのではないか。その時期を過ぎ、振り返ってみれば、確かにそれはつらい貧乏生活であった。しかし、その時期をくぐり抜けてきたからこそ、今、しみじみと感じる幸せがある。そのようなほのぼのとした余韻を残して、この文章は終わっている。

「貧乏でもいいから温かい家庭を作ってほしい」を最初のテーゼとすれば、「貧乏とは本当につらいもの」はそれに対する反論であり、アンチテーゼと言ってよい。アンチテーゼのほうは体験にしっかりと裏打ちされていて、さほど深みのないテーゼを軽く否定し去るように見える。しかし、この文章は、最後にはまた「貧乏でも温かい家庭を」に戻ってきているのではないだろうか。

筆者は、確かに、貧乏の軽々しい扱いを批判しているが、それだけでなく、かつての貧乏な生活のなかにも母と息子の「温かい家庭」があったこと、そして、つらかった貧乏という土台の上に今の家族そろった「温かい家庭」が存在していること、そのようなことを、おそらくは筆者自身の意図を超えて、この文章は語っている。最初の「貧乏でも温かい家庭を」というテーゼは、いったんはアンチテーゼによって否定されるが、否定されたままではなく、言わばアンチテーゼによって鍛え直されて、同じ表現のまま深い味わいを持つジンテーゼへと変化している。

先に参照した『ヘーゲル用語事典』に、三段階的弁証法では「第三項が第一項へのなんらかの復帰――したがって円環を描く――になっている」と書かれていたが、右の文章は「第一項への復帰」の優れた実例になっていると思われる。

「永訣の朝」の弁証法

最後に掲げるのは、宮沢賢治が妹トシの死の当日に書いた「永訣の朝」である。ここにも弁証法があると考えられる。

永訣の朝

宮沢賢治

けふのうちに
とほくへいつてしまふわたくしのいもうとよ
みぞれがふつておもてはへんにあかるいのだ
（あめゆじゆとてちてけんじや）
うすあかくいつそう陰惨《いんざん》な雲から
みぞれはびちよびちよふつてくる
（あめゆじゆとてちてけんじや）
青い蓴菜《じゅんさい》のもやうのついた
これらふたつのかけた陶椀《とうわん》に
おまへがたべるあめゆきをとらうとして
わたくしはまがつたてつぽうだまのやうに
このくらいみぞれのなかに飛びだした
（あめゆじゆとてちてけんじや）
蒼鉛《そうえん》いろの暗い雲から
みぞれはびちよびちよ沈んでくる
ああとし子

死ぬといふいまごろになつて
わたくしをいつしやうあかるくするために
こんなさつぱりした雪のひとわんを
おまへはわたくしにたのんだのだ
ありがたうわたくしのけなげないもうとよ
わたくしもまつすぐにすすんでいくから
（あめゆじゆとてちてけんじや）
はげしいはげしい熱やあえぎのあひだから
おまへはわたくしにたのんだのだ
銀河や太陽　気圏などとよばれたせかいの
そらからおちた雪のさいごのひとわんを……
……ふたきれのみかげせきざいに
みぞれはさびしくたまつてゐる
わたくしはそのうへにあぶなくたち
雪と水とのまつしろな二相系をたもち
すきとほるつめたい雫にみちた
このつややかな松のえだから
わたくしのやさしいいもうとの

さいごのたべものをもらつていかう
わたしたちがいつしよにそだつてきたあひだ
みなれたちやわんのこの藍のもやうにも
もうけふおまへはわかれてしまふ
(Ora Orade Shitori egumo)
ほんたうにけふおまへはわかれてしまふ
あああのとざされた病室の
くらいびやうぶやかやのなかに
やさしくあをじろく燃えてゐる
わたくしのけなげないもうとよ
この雪はどこをえらばうにも
あんまりどこもまつしろなのだ
あんなおそろしいみだれたそらから
このうつくしい雪がきたのだ
　　(うまれでくるたて
　　　こんどはこたにわりやのごとばかりで
　　　くるしまなあよにうまれてくる)
おまへがたべるこのふたわんのゆきに

わたくしはいまこころからいのる
どうかこれが天上のアイスクリームになつて
おまへとみんなとに聖い資糧をもたらすやうに
わたくしのすべてのさいはひをかけてねがふ

（『日本の詩歌18　宮沢賢治』中公文庫、一九七四）

宮沢賢治の妹トシ（通称とし子）が世を去ったのは、一九二二年（大正十一年）十一月二十七日、賢治二十六歳、トシ二十四歳のことであった。トシは賢治の文学と信仰の最良の理解者であったという。トシが花巻の実家で息を引き取ったとき、賢治は隣室の押し入れに頭を突っ込んで激しく慟哭したと伝えられている。

この詩には、敢えて名付ければ「一と二の対立」というようなものがある。

まず、「これらふたつのかけた陶椀」、「こんなさつぱりした雪のひとわん」、「雪のさいごのひとわん」、「おまへがたべるこのふたわんのゆき」とあるように、「一椀」の雪を妹から頼まれた賢治は、「二つの陶椀」を持って外に出て、「二椀」の雪を妹のもとへ持っていこうとする。賢治の意識は「一」と「二」の間で右往左往しているように見える。

さらに、この詩には「ふたきれのみかげせきざい」、「雪と水とのまつしろな二相系」という「二」の表現もあり、「一」については、とし子の「Ora Orade Shitori egumo」ということばがある。

このとし子のことばは、言うまでもなくローマ字でしゃべったわけではない。賢治はここで、とし子のことばの受け入れ難さを、ローマ字表記の読みづらさに変換して表現している。賢治ととし子は「いっしょにそだってきたわたしたち」であるのに、今とし子は「ひとりで行く」と言うのである。それは音として耳に届いても意味として受け入れることのできないことばであった。

弁証法の用語を使うなら、「いっしょにそだってきた」賢治ととし子は、未分化の「即自」の段階を生きていたと言えるだろう。これに対して、とし子の「Ora Orade Shitori egumo」は、そのような段階の終わりを決定的に宣告することばであった。一緒であった二人は別々のひとりになって生と死に分かれ、二人の関係は「対自」の段階に入る。「一」と「二」の混在する詩の表現は、「対自的」段階における苦悩や葛藤を表していると考えられる。

この後に来るべき「即かつ対自」の段階は、即自と対自の対立が高い次元で総合され、即自のもつ統一、すなわち「いっしょ」が回復される段階であるが、とし子の死を押しとどめることができない状況の中で、ではどのようにして「即かつ対自」の段階に達することができるのか。

そのような新たな段階に入るきっかけとなったのは、松の枝にたまる真っ白な雪であった。それは、賢治の意識の中に、「あんなおそろしいみだれたそらから　このうつくしい雪がきたのだ」という新しい認識を生じさせる。

そして、詩はすぐ次の行で、一見唐突に、とし子のことば（うまれでくるたて　こんどはこたにわりやのごとばかりで　くるしまなあよにうまれてくる）に転じている。しかし、この移行は決して唐突ではない。恐ろしい乱れた空からやってきた「美しい雪」は、閉ざされた暗い病室のなかで発せられた「美しいことば」を、類同化して想起させたのである。

「また生まれてくる時は、こんなに自分のことばかりで苦しまないように生まれてくる」というとし子のことばの「自分のことばかりでなく」は、「人のために」を含意している。そして、「人のために」を徹底していけば、「みんなのために」となるだろう。おそらく、とし子のこのことばを契機として、賢治の心に「みんな」ということばが立ち現れたのである。そして、この「みんな」という概念を得たことにより、賢治は最後に、「おまへとみんなとに聖い資糧をもたらすやうにわたくしのすべてのさいはひをかけてねがふ」という深い祈りの境地に達し得たのだと考えられる。「みんな」のなかには、世の中のすべての人、一切衆生が入る。「ひとり」になったとし子も賢治も、その中に入る。こうして、「いっしょ」が壊れて「ひとり」になってしまう危機は、物理的・身体的には避け得ないものの、精神的・思想的には「みんな」によって乗り越えられ、ここに「即かつ対自」の段階が出現する。とし子と賢治は、ここで「いっしょ」を回復するのである。

「永訣の朝」では、妹を失う悲しみが、最後にはすべての人の救いと幸いを願う大きな祈りへと昇華されるが、その過程は、右に示したように、「いっしょ↓ひとり↓みんな」という精神の弁証法的な発展として理解することができる。

第十九章　沈　黙

沈黙の諸相

「沈黙」は、言語活動の完全な不存在を意味するものではない。沈黙とは黙して語らぬことであり、沈黙の成立には何らかの語られぬ言語内容がなければならない。

沈黙と表現は、言語活動の潜在と顕在という点で対立関係を構成する。言語活動の総体はこの沈黙と表現によって成り立っており、両者の対立関係は、言語活動における最も原初的で、最も究極的な対立であると言える。

沈黙は、表現との対立関係のあり方に応じて、以下のように五種類程度に分類できる。

第一に、充足した沈黙。互いの気持ちや考えが十分に通じ合っているときには、ことばよりも沈黙がその関係を支える。「表現の必要のない」、自然に生まれる沈黙である。

第二に、配慮としての沈黙。相手のために、あるいは他の誰かのために「表現を停止する」とき、そこに沈黙が生まれる。これは他者に配慮した意識的な沈黙である。

第三は、秘密としての沈黙。人に知られたくない事柄があるとき、「隠して表現しない」という沈黙が発生する。これは、多くの場合、自分を守るための沈黙となる。

第四は、表現法としての沈黙。ある所まで表現したら、その先は「表現を抑制して」沈黙するというものである。抑制することで表現はかえって豊かなものになり得る。

第五は、「反表現」という沈黙。自分の思いや思索が深く内向していくとき、「表現を忌避する」という沈黙が生まれる。言語活動は他者からは見えない個人の内部の営みとなる。

この後は、以上五種類の沈黙について、例を示しながら考察してみたい。

充足した沈黙

「充足した沈黙」は、互いに気持ちや考えが通じ合い、わざわざことばを発するまでもないという関係において成立する。まず思い浮かぶのは、理想的な老夫婦の日常であろう。

窪田空穂《うつぼ》（一八七七〜一九六七）の最晩年の歌集には、そのような関係を詠んだ歌がいくつも見られる。永田和宏の『近代秀歌』は、その一首を選んで次のように解説している。


老《おい》ふたり互に空気となり合ひて有るには忘れ無きを思はず　　窪田空穂『去年《こぞ》の雪』

老いた夫婦が二人、今ではお互いが空気のような存在になっている。一緒にいると、いることを忘れ、かと言って、そこにいないということなどは、もとより思うことさえない、というのである。一緒にいても空気のように邪魔にはならない。ときおりくしゃみをしたり、お茶を淹《い》れてくれたりするとき、ああそこにいたのかなどと思う。多くを語らずとも、互いの状態、考えは自ずとわかっているからこその、落ち着き方なのだろう。

（永田和宏『近代秀歌』岩波新書、二〇一三）

これに類する充足した関係は、少し大きな集団においても成立する可能性はある。民俗学者の宮本常一（一九〇七〜一九八一）は、『忘れられた日本人』のなかに、「子供をさがす」という題で、これに関連する興味深い出来事を書き留めている。

報告されているのは、一九五〇年代の終わり頃、山口県の周防《すおう》大島で起こった小さな事件である。ある日の夕方、小学一年生の男児が親に叱られ、黙ってどこかに行ってしまう。気付いた祖母が大声で孫の名を呼びながら方々を捜し回る。村の人たちも捜し始め、もしものことを心配して警防団にも捜索を依頼する。こうして村中の大騒ぎになったとき、子どもは家の戸袋の隅からひょっこり姿を現す。さて、めでたく一件落着した後に、以下のような話が続く。

さっそく探してくれている人々にお礼を言い、また拡声放送機で村へもお礼を言った。子供がいたとわかると、さがしにいってくれた人々がもどってきて喜びの挨拶をしていく。その人たちの言葉をきいておどろいたのである。Aは山畑の小屋へ、Bは池や川のほとりを、Cは子どもの友だちの家を、Dは隣部落へという風に、子どもの行きはしないかと思われるところへ、それぞれさがしにいってくれている。これは指揮者があって、手わけしてそうしてもらったのでもなければ申しあわせてそうなったのでもない。それぞれ放送をきいて、かってにさがしにいってくれたのである。警防団員以外の人々はそれぞれその心当りをさがしてくれたのであるが、あとで気がついて見ると実に計画的に捜査がなされている。

ということは村の人たちが、子どもの家の事情やその暮し方をすっかり知りつくしているということであろう。もう村落共同体的なものはすっかりこわれ去ったと思っていた。それほど近代化し、選挙の時は親子夫婦の間でも票のわれるようなところであるが、そういうところにも目に見えぬ村の意志のようなものが動いていて、だれに命令せられると言うことでなしに、ひとりひとりの行動におのずから統一ができているようである。

ところがそうして村人が真剣にさがしまわっている最中、道にたむろして、子のいなくなったことを中心にうわさ話に熱中している人たちがいた。子どもの家の批評をしたり、海へでもはまって、もう死んでしまっただろうなどと言っている。村人ではあるが、近頃よそから来てこの土地に住みついた人々である。日ごろの交際は、古くからの村人と何のこだわりもなしにおこなわれており、通婚もなされている。しかし、こういうときには決して捜査に参加しようともしなければ、まったくの他人ごとで、しようのないことをしでかしたものだとうわさだけしている。ある意味で村の意志以外の人々であった。いざというときには村人にとっては役にたたない人であるともいえる。

さて、そのとき若い男がひとり、たしかに子供をさがしに出かけたはずなのにいつまでたってももどって来ない。

「あいつのことだから、どこかへ飲みにいったのかもわからない」というものと、「いや、山寺までいったのではないか」というものとがいた。そして結局山寺へさがしにいったのだろうということになった。

はたしてそうであった。一時間ほどしてもどって来て、

「こいつ、よくも俺をだましたな」と子どもを追いまわして、

「もう一ぺんだましたら承知せんぞ」と言ってかえっていった。

かれはのんべえで、子供たちをいつもどなりつけていたが、子どもに人気があった。かれは子どもがいなくなったときいて、子どもの一ばん仲のよい友だちのいる山寺までさがしにいったのである。そこは一番さびしく不便な山の中であった。

(宮本常一「子供をさがす」一九六〇／『忘れられた日本人』岩波文庫、一九八四)


古くからの村人は、指揮者もなく相談することもせず、つまり互いに沈黙したまま、場所をうまく分担して捜索に加わっていた。一方、新しい村人たちは、あれこれ勝手なうわさ話をするだけで捜索に参加しようとはしなかった。ここには、沈黙と表現の実に鮮やかな対立がある。

民俗学者の宮本は、村落共同体の制度や機能という点に関心をもっていたが、この小さな事件は、古い村人には村落共同体の意志が残っており、新しい住民にはそれがないことを証明することになった。しかし、右の文章を一段と魅力あるものにしているのは、宮本が最後に記した若い男の

行動であろう。そこには、もう一つ別の沈黙が存在している。

男は一番寂しく不便な山寺まで子どもを捜しに行った。そのとき男は、村の誰にも言わず、つまり完全な沈黙のままで、一番困難な捜索活動に挑んだのであった。沈黙のまま行動した点では古くからの村人も同じであったが、両者の沈黙には明らかに質的な違いが認められる。

すなわち、村人は、「目に見えぬ村の意志のようなもの」を共有していたために、沈黙のまま必要な行動をとることができたのであった。これに対して、若い男は、「のんべえで、子供たちをいつもどなりつけていたが、子どもに人気があった」。つまり、男は、大人たちの世界から見ればその周縁部にいて、大人よりもむしろ子どもと深く心を通わせていた。男に固有の行動やことばは、子どもたちとつながる沈黙の世界から生まれていたと考えられる。

男は、「こいつ、よくも俺をだましたな」と、騒ぎを起こした子どもを追いまわし、「もう一ぺんだましたら承知せんぞ」と言って帰っていった、とあるが、男のこの言動の裏側には、子どもたちとの沈黙の信頼関係が存在している。騒ぎを起こした子どもは、男のこの行動とことばによって大いに叱られ、そして赦されたのである。

こうした沈黙が存在していることは、人間が深く理解し合っていることの証しと言ってよい。窪田空穂の歌も宮本常一が示す二種類の沈黙も、人間同士の理解が「表現」よりも「沈黙」により深く関係していることを物語っている。二人の人間にとって、また、二人以上の関係においても、人を理解するとは、「充足した沈黙」の領域を共有し、それを広げることだと言えるだろう。

配慮としての沈黙

相手のことを思って敢えて言わない、あるいは誰か他の人に配慮して何かを秘する。そのようなことは、日常生活では珍しいことではない。かつては癌の患者には本当の病名を知らせないことが普通であった。夏目漱石の『思い出す事など』（一九一〇年発表）によれば、漱石が修善寺で病臥していたとき、世話になった病院長の死が漱石にはかなり後まで伏せられていた。

次の小林秀雄の文章も沈黙への配慮を扱っている。

或る時、大阪行の急行の食堂車で、遅い晩飯を食べていた。四人掛けのテーブルに、私は一人で坐っていたが、やがて、前の空席に、六十恰好の、上品な老人夫婦が腰をおろした。細君の方は、小脇に何かを抱えてはいって来て私の向いの席に着いたのだが、袖の蔭から現れたのは、横抱きにされた、おやと思う程大きな人形であった。人形は、背広を着、ネクタイをしめ、外套を羽織って、外套と同じ縞柄の鳥打帽子を被っていた。着附の方は未だ新しかったが、顔の方は、もうすっかり垢染みてテラテラしていた。眼元もどんよりと濁り、唇の色も褪せていた。何かの拍子に、人形は帽子を落し、これも薄汚くなった丸坊主を出した。

細君が目くばせすると、夫は、床から帽子を拾い上げ、私の目が会うと、ちょっと会釈して、車窓の釘に掛けたが、それは、子供連れで失礼とでも言いたげなこなしであった。

もはや、明らかな事である。人形は息子に違いない。それも、人形の顔から判断すれば、よほど以前の事である。一人息子は戦争で死んだのであろうか。夫は妻の乱心を鎮めるために、彼女に人形を当てがったが、以来、二度と正気には還らぬのを、こうして連れて歩いている。多分そんな事か、と私は想った。

夫は旅なれた様子で、ボーイに何かと註文していたが、今は、おだやかな顔でビールを飲んでいる。妻は、はこばれたスープを一匙すくっては、まず人形の口元に持って行き、自分の口に入れる。それを繰返している。私は、手元に引寄せていたバタ皿から、バタを取って、彼女のパン皿の上に載せた。彼女は息子にかまけていて、気が附かない。「これは恐縮」と夫が代りに礼を言った。

そこへ、大学生かと思われる娘さんが、私の隣に来て坐った。表情や挙動から、若い女性の持つ鋭敏を、私は直ぐ感じたように思った。彼女は、一と目で事を悟り、この不思議な会食に、素直に順応したようであった。私は、彼女が、私の心持まで見てしまったとさえ思った。これは、私には、彼女と同じ年頃の一人娘があるためであろうか。

細君の食事は、二人分であるから、遅々として進まない。やっとスープが終ったところである。もしかしたら、彼女は、全く正気なのかも知れない。身についてしまった習慣的行為かも知れない。とすれば、これまでになるのには、周囲の浅はかな好奇心とずい分戦わねばならなかったろう。それほど彼女の悲しみは深いのか。

異様な会食は、極く当り前に、静かに、敢て言えば、和やかに終ったのだが、もし、誰かが、人形について余計な発言でもしたら、どうなったであろうか。私はそんな事を思った。

（小林秀雄「人形」一九六二／『考えるヒント』文春文庫、一九七四）

夜の食堂車の四人掛けのテーブルで発せられたのは、「これは恐縮」という一言だけであった。妻は、息子である人形の口に黙々と食事を運び、夫は、妻のするすべてを黙って受け入れて「おだやかな顔でビールを飲んでいる」。「私」は、途中で「手元に引寄せていたバタ皿から、バタを取って、彼女のパン皿の上に載せた」が、その時も、その前後においても、一言もことばを発していない。空いていた四つ目の席に座った「大学生かと思われる娘さん」は、「一と目で事を悟り」、さらに「私の心持まで」見とおして、沈黙の支配するその場に「素直に順応した」。

老婦人以外の三人は、老婦人を理解し、理解に伴う多くのことばを心中に抱えつつ、しかもそれを発することなく事態の進行を見守っている。ここに成立しているのは、他者に配慮して「表現」を停止するところに生じる沈黙であり、しかもそのような沈黙の究極的なものと言える。

三人が沈黙を共有している点は、「充足した沈黙」に似ている。しかし、三人の共同性を生み出していたのは、その外側にいる老婦人への配慮であった。つまり、ここでの沈黙は「理解→沈黙」ではなく、「理解→配慮→沈黙」という経路によって成立している。最後に書かれている「もし、誰かが、人形について余計な発言でもしたら、どうなったであろうか」という溯っての心配も、「配慮」によって危うい所で「沈黙」が保たれていたことを物語っている。

ここで「配慮」と対立するのは、文中の「浅はかな好奇心」である。このような場面において「浅はかな好奇心」を抑えて人を沈黙の位置にとどめるのは、他者の「悲しみ」ないしは他者の「人生」に対する敬虔な気持ちであろう。「配慮」とは、そのような心の働きを意味している。

秘密としての沈黙

第三の沈黙は、人に知られたくない事柄を隠すという「秘密としての沈黙」である。Aであることを秘密にする一つの方法は、Aであると言わずにBであると言うことである。次の芥川龍之介「羅生門」には、そのような例が見られる。


下人は、老婆を見おろしながら、少し声を柔らげてこう言った。

「おれは検非違使の庁の役人などではない。今しがたこの門の下を通りかかった旅の者だ。だからお前に縄をかけて、どうしようというような事はない。ただ、今時分この門の上で、何をしていたのだか、それをおれに話しさえすればいいのだ。」

（芥川龍之介『羅生門・鼻・芋粥・偸盗』岩波文庫、一九六〇）


下人は、本当はA「職を失って行く所がなく、羅生門で雨宿りをしていた下人」であるが、それについては沈黙し、B「今しがたこの門の下を通りかかった旅の者だ」と言っている。

この発言は二重の意味をもっている。すなわち、「検非違使の庁の役人」を否定してBと言ったのは老婆の警戒心を解くためであるが、Aであることを隠してBと言ったのは、老婆に対する優越性を確保するため、言い換えれば、老婆に見くびられないためであった。これは小さな嘘である。しかし、この小さな嘘をつかせた「老婆に対する優越性の確保」という心理は、この物語の結末で、下人に老婆からの引剥ぎを実行させる心理的な動因になる。

次は、森鷗外の「舞姫」と夏目漱石の『こころ』下「先生と遺書」を取り上げてみたい。この二つは、以下のように、類似する人物と共通する筋（プロット）によって作られている。

「舞姫」と「先生と遺書」の主な人物

A＝主人公（太田豊太郎、先生）

B＝主人公が救済しようとする人物（エリス、K）

C＝主人公の願望の目標となる人物（天方大臣、お嬢さん）

D＝Cの代理人（相沢謙吉、奥さん）

「舞姫」と「先生と遺書」の共通する筋（プロット）

①AはBに対して救済者という立場をとる（Bは被救済者となる）。

②AとBの間に、Aの想定しなかった出来事が生じる（エリスの懐妊、Kの告白）。

③Aは、②の出来事についてCDに秘したまま、Dを媒介にしてCと新しい関係を結ぶ（天方大臣との帰国の約束、お嬢さんとの婚約）。

④Aは、Cとの新しい関係がBへの背信であると感じ、これをBには秘しておく。
⑤Aが秘しておいたCとの新しい関係は、DによってBに告げられる。
⑥AとCの新しい関係を知ったBは破滅する（エリスの精神的な死、Kの自殺）。
⑦CはBに関する真相を知らず、AはCに関わる願望を実現する。
⑧Aの前途は一見幸福そうに見えるが、Aの心中からBが消えることはない。

物語の転換点は③にある。③で、Aは、願望実現に向けて大きな一歩を踏み出すことになるが、これは同時にBに対する決定的な背信行為となる。しかし、Bは、すでに②の段階で、単なる「Aによる被救済者」から「Aの願望実現の潜在的妨害者」にもなっていた。

このプロットにおいて、沈黙(秘密)は③と④の段階に生じている。主人公Aは「Bとの関係」と「Cとの関係」を棲み分ける形で生きていたが、③で「Cとの関係」が新しい局面に入ったとき、「Bとの関係」は潜在的には破局を迎える。③における沈黙は、Bとの出来事をCDに秘するもの、④での沈黙は、Cとの新たな関係をBに対して秘するものである。主人公Aは、⑤で破局が顕在化するまでの間、二つの沈黙（秘密）を抱えて生きることになる。

Aが二つの沈黙を抱えていたことは、「舞姫」では、⑤で次のように描かれている。

> 人事を知るほどになりしは数週《すしゅう》ののちなりき。熱はげしくて譫言《うわこと》のみいいしを、エリスがねもごろにみとるほどに、ある日相沢は尋ね来て、余がかれに隠したる顚末を審《つば》らに知りて、大

臣には病のことのみ告げ、よきようにつくろいおきしなり。余ははじめて病牀に侍するエリスを見て、その変わりたる姿に驚きぬ。彼はこの数週のうちにいたく痩せて、血走りし目はくぼみ、灰色の頬は落ちたり。相沢の助けにて日々の生計《たつき》には窮せざりしが、この恩人は彼を精神的に殺ししなり。

のちに聞けば彼は相沢にあいしとき、余が相沢に与えし約束を聞き、またかの夕べ大臣に聞こえ上げし一諾を知り、にわかに座より躍りあがり、面色さながら土のごとく、「わが豊太郎ぬし、かくまでにわれをば欺きたまいしか」と叫び、その場にたおれぬ。

（森鷗外「舞姫」『舞姫・うたかたの記』角川文庫、一九九〇）

文中の「余がかれに隠したる顚末」は、豊太郎が相沢謙吉（および天方大臣）に秘していた「エリスと別れず、しかもエリスが懐妊していたという事実」である。また、「余が相沢に与えし約束」は「エリスと別れるという約束」、「かの夕べ大臣に聞こえ上げし一諾」は「天方大臣とともに帰国することの承諾」であって、この二つはエリスには知らされていなかった。豊太郎は、天方・相沢に対してはエリスを隠し、エリスには天方・相沢を隠さなければならなかった。

「先生と遺書」の場合、二つの沈黙（秘密）は③に描かれている。ある日、先生は仮病を使って学校を休み、奥さんにお嬢さんをくださいと頼んで、承諾を得る。その日の晩の場面である。

夕飯《ゆうめし》の時Kと私はまた顔を合わせました。なんにも知らないKはただ沈んでいただけで、少しも疑い深い目を私に向けません。なんにも知らない奥さんはいつもよりうれしそうでした。私だけがすべてを知っていたのです。私は鉛のような飯を食いました。

（夏目漱石『こころ』下「先生と遺書」第四十六回、角川文庫、二〇〇四）

Kは、「私」が奥さんを通してお嬢さんに結婚を申し込み、婚約したことを知らない。奥さんは、「私」がKを出し抜いて結婚を申し込んだこと（およびそこに至る事情）を知らない。先生は、Kに対してはお嬢さんとの関係を秘し、奥さん（とお嬢さん）にはKとの関係を秘している。

このように、「舞姫」と『こころ』は、沈黙とその破綻という点でよく似た構造をもっている。これは偶然の一致だろうか。おそらく、そうではなく、ここには近代文学としての必然的な類似を見るべきだろう。その類似の原因は、近代という時代が、新しい人間を生み出したことにあると考えられる。

『こころ』の上「先生と私」（第十四回）で、先生は、自分や「私」（青年）を「自由と独立と己とにみちた現代に生まれた我々」と言い、「我々はその犠牲としてみんなこの寂しみを味わわなくてはならないでしょう」と述べている。一方、「舞姫」の太田豊太郎は、ベルリンの「自由なる大学の風」に当たるうちに、「奥深くひそみたりしまことの我は、ようよう表にあらわれて」となるが、これこそ、豊太郎の「自由と独立と己」への覚醒にほかならなかった。

「舞姫」と『こころ』の類似するプロットは、「自由と独立と己」に目覚めた「近代人」がとる一般的な行動の仕方を反映している。その行動には、「自由と独立と己」が生み出す人間相互の不信や猜疑、対立や孤立などとともに、必然的に「沈黙」が伴うと考えられる。

この沈黙は、二つの大きな意味を持っている。一つは、すでに見てきた通り、これが悲劇の要因になることである。もう一つは、沈黙が悲劇を招くとき、それを語る文学の形式は「告白」になることである。すなわち、「舞姫」は、太田豊太郎が「人知らぬ恨み」を手記の形で告白したものであり、先生の「遺書」は、先生が「私」に対して自分の過去を告白したものであった。このように、「自由と独立と己」に目覚めた近代人の「秘密としての沈黙」は、文学形式としての「告白」と対応し、その点でも「舞姫」と『こころ』は類似する作品となっている。

表現法としての沈黙

四つ目は、表現を抑制するところに生まれる沈黙である。この沈黙によって、逆に表現の力が増すことが期待される。これは、和歌や俳句の世界では古くから表現法の要諦とされてきた。

芭蕉（一六四四～一六九四）の俳論を祖述した向井去来の『去来抄』（一七〇四年頃成立）に、次のような一節がある。

下臥《したぶ》しにつかみ分けばやいとざくら

先師路上にて語りて曰く「この頃《ごろ》、其角《きかく》が集にこの句あり。いかに思ひてか入集《にっしゅう》しけん」。

去来曰く「糸桜の十分に咲きたる形容、よくいひおほせたるに侍らずや」。

先師曰く「いひおほせて何かある」。

ここにおいて肝に銘ずる事あり。初めて発句になるべき事と、なるまじき事を知れり。

（『新編日本古典文学全集88　連歌論集・能楽論集・俳論集』小学館、二〇〇一）


句の意味は、「糸桜（しだれ桜）の下に寝て、咲いた桜の枝をつかみ分けてみたい」、あるいは「糸桜の下で寝るために、咲いた桜の枝をつかみ分けて中に入ってみたい」。

句について問われた去来は「満開の糸桜の様子をうまく言い尽くしているのではありませんか」と答え、芭蕉はそれに対して「言い尽くして何になるのか」と述べた、という話である。芭蕉のことばは、俳句の生命が余情にあること、そして、余情を生み出すものは表現の抑制としての沈黙であることを簡明直截に語っている。


表現の抑制を重視する俳句の心得は、そのまま散文の表現にも当てはまる。次の文章はその例証になるだろう。四十二歳の女性の投書である。

「障害児は卒園式になじまずと自宅待機の通知とどきぬ」（四月十五日付朝日歌壇）を読み、十数年前の下の子の卒園式を思い出した。年少組の男児は下半身が動かず、両手で床をはって、他の園児と一緒に式典に入場した。

親たちの目の前を、その子はゆっくりはい、後ろの女児は、その子の分のいすを持って神妙に歩いていた。決まった場所に女児の置いたいすに、その子ははい上がって座った。園の側からは何の説明もない。式は無事終わり、床をはう障害児をはさんで園児たちは静かに退場した。親たちは、園の姿勢にそれぞれ感銘を受けたと思う。声高に障害児を受け入れているとは一言も言わず、人類愛とはこうであると、その卒園式は十分に物語っていた。

子供たちの反応はどうだったかと思い、後で先生に尋ねた。最初は、よくその子を踏んで一緒にころがったりしたが、じきに慣れて、みんなが注意して歩くようになったと。それ以上何も聞けなかった。その子は今、高校二年生のはずだ。


（小松暁子「重度障害児も平等に卒園式」、朝日新聞「声」一九九〇年五月八日）


卒園式は、障害をもった子とその親にとって、他の子どもや親以上に大きな喜びと感慨をもって迎える日となるだろう。そのような日に、自宅で待機する子と親。多くの人が、短歌の訴える悲しみを共有しようとし、園の姿勢に批判的な思いを抱いたことだろう。しかし、投書の筆者はそれを直接には述べなかった。そして、ただ、十数年前のもう一つの卒園式のことだけを紹介した。直接述べることをしなかった主張は、それによって、一層強く読者の胸に響いてくると言えるだろう。

この文章には、別の沈黙もある。まず、「園の側からは何の説明もない」。この男児についても、またこうした形で卒園式が進行することについても。その沈黙には園の「配慮」があり、式に出席した人たちも皆、「人形」の老婦人を見守った三人と同様に、沈黙して男児と式の進行とを見守った。それは、そのときその場に成立した「共同体」の沈黙であった。その沈黙は、その男児と式とに対するおそらくは畏敬の念によって満たされていたのではないだろうか。

この文章は、主張するという行為の手前で沈黙している。それは「表現の抑制」としての沈黙と言えるが、表現効果を高めるために意図して抑制したものではないだろう。投書を思い立った筆者の心中には、十数年前の卒園式の沈黙が蘇っていたに違いない。そのときの、表現を超える深い経験が、この文章においても、ある限度を超える表現を慎ませたのだろうと思われる。

「反表現」という沈黙

心の深部にある思いやそこで営まれる思索は、外部への表現を忌避する場合がある。そのような沈黙は「反表現」と言うべき性格のものとなる。心中で営まれている言語活動の深さや重さに対して、外部への表現がそれに見合うものにならないとき、こうした沈黙に至ると考えられる。

『伊勢物語』の最後から二番目の百二十四段は、次の詞書と歌から成っている。

むかし、をとこ、いかなりける事を思ひける折にかよめる。

思ふことといはでぞたゞにやみぬべき我とひとしき人しなければ

（『伊勢物語』大津有一校注、岩波文庫、一九六四）

詞書は、どのような事を思った折だろうか、という。しかし、次の最終段は「男」の辞世になっており、物語の作者は、この歌を死の少し前の思いと見ていたようである。思っていることは言わないでそのまま黙っていよう、自分と同じ心の人はいないのだから。他者の理解への絶望ないしは表現そのものに対する絶望と言える歌であるが、そのような気持ちを敢えて歌に詠んでいる点が面白いとも言える。歌の思いに徹すればこの歌そのものも存在しないであろう。

これまで何度か引用してきた『こころ』には、このような意味での沈黙も見られる。「先生と遺書」で、ある時期から後、Kの心を支配し、やがて先生の心をも支配することになったのは、この「反表現」と言うべき沈黙であった。

次の①は、Kの告白を巡って「私」とKが夕方の上野公園で話をした、その翌朝の場面である。前夜には、二人を仕切る襖を開けてKが立っていたという出来事もあった。また、②で「手紙」とあるのは、自殺したKの遺書を指す。(引用は角川文庫、二〇〇四年刊。)

①その日はちょうど同じ時間に講義の始まる時間割りになっていたので、二人はやがていっしょに家《うち》を出ました。けさから昨夕の事が気にかかっている私は、途中でまたKを追窮しました。けれどもKはやはり私を満足させるような答をしません。私はあの事件について何か話す

つもりではなかったのかと念を押してみました。Kはそうではないと強い調子で言い切りました。きのう上野で『その話はもうやめよう』と言ったではないかと注意するごとくにも聞こえました。Kはそういう点にかけて鋭い自尊心をもった男なのです。ふとそこに気のついた私は突然彼の用いた『覚悟』という言葉を連想しだしました。すると今までまるで気にならなかったその二字が妙な力で私の頭をおさえはじめたのです。（『こころ』下「先生と遺書」第四十三回）

②手紙の内容は簡単でした。そうしてむしろ抽象的でした。自分は薄志弱行でとうてい行先《ゆくさき》の望みがないから、自殺するというだけなのです。それから今まで私に世話になった礼が、ごくあっさりした文句でそのあとにつけ加えてありました。世話ついでに死後の片付方《かたづけかた》も頼みたいという言葉もありました。奥さんに迷惑をかけてすまんからよろしく詫《わび》をしてくれという句もありました。国もとへは私から知らせてもらいたいという依頼もありました。必要な事はみんな一口ずつ書いてあるなかにお嬢さんの名前だけはどこにも見えません。私はしまいまで読んで、すぐKがわざと回避したのだということに気がつきました。しかし私のもっと痛切に感じたのは、最後に墨の余りで書き添えたらしく見える、もっと早く死ぬべきだのになぜ今まで生きていたのだろうという意味の文句でした。（『こころ』下「先生と遺書」第四十八回）

①の「覚悟」に関わるKの沈黙は先生を誤解させ、先生はKに先んじて求婚するという行為に走る。それが自殺の覚悟に関する沈黙であったと気付くのは、Kが死んでからのことであった。

②の遺書でKが沈黙したのは、お嬢さんの名前だけではなかった。Kは、当然のことながら、お嬢さんへの言及を「回避した」理由についても沈黙した。また、「もっと早く死ぬべきだのに」とはどういうことなのか、その意味についても沈黙した。さらに、自殺の理由について「薄志弱行でとうてい行先の望みがないから」と書くことによって、自殺のそれ以上の理由について、あるいは自殺の本当の理由について、沈黙することになった。

①②のどちらの場合にも、Kは表現のすぐそばまで来ていて、しかし、その距離を無限に遠いと感じている。

Kの死後、先生は、その死因について繰り返し考えることになる。初めは単純に失恋のためと思ったが、最後には「たった一人で寂《さむ》しくってしかたがなくなった結果、急に処決した」と考えるようになった。そして、そこに思い至ったとき、「私もKの歩いた道を、Kと同じようにたどっている」という予感が生まれる（「先生と遺書」第五十三回）。

Kの沈黙は、先生に憑依してその心中に膨大なことばを発生させ、最後には先生を自死へと導いていったと言える。

行間を読むということ

この章の冒頭で述べたように、沈黙とは、表現面に現れない潜在的な言語活動である。したがって、ここまで沈黙を五種類に分けて考察してきたが、我々の言語活動がもつ沈黙は、実はそれだけに留まるわけではない。

すでに第二章「対立の構造」で指摘したように、我々が文章を表現するとき、表現面に現れたことばの背後には、選ばれなかった多くのことばが潜在することになる。そのような潜在することばは、「沈黙のことば」と言うこともできる。つまり、表現された文章には、右の五種類の沈黙に限らず、語と語の間にも、文と文の間にも多くの沈黙のことばが存在している。表現されたことばは、「沈黙」の海に浮かぶ大小さまざまの島とも言えるし、表現された文章には、至るところに「沈黙」の隙間が空いているとも考えられる。

文章表現をこのように沈黙と一体のものと捉えるとき、文章を読むことは、目に見える表現だけでなく、その隙間や裏側に潜む沈黙をも読むことになる。「行間を読む」ということばは、そのような文章の読み方を言ったものであろう。言うまでもなく、「行間」だけを読んだり「沈黙」だけを取り出したりすることはできない。行間（沈黙）を読むとは、「表現されたもの」を手がかりにして「直接表現されていないもの」までも読み取る行為であり、さらには、そうして読み取った「表現されていないもの」によって「表現されたもの」の意味を一層深く理解しようとする行為であると考えられる。

第二十章　普遍化

普遍化ということ

この世界に存在する事物は、すべてある時ある所に他のものではないそのものとして存在し、その意味ですべての事物は個的で特殊である。また、この世界に発生する現象は、すべてある時ある所である事物や人について発生し、その意味ですべての現象は個的で特殊である。

このような個的で特殊な対象（事物・現象）に対して、我々は、それをできるだけ特殊性を保存する方向で具体的に表現することもあれば、それがもつ普遍的な意味を取り出して対象を普遍的な水準で表現する場合もある。

本書では、この後者の表現行為を「普遍化」と名付ける。

Aということばで呼ばれる個的で特殊な対象の「普遍化」とは、Aと呼ばれるもの全体に当てはまる意味を取り出すことである。それは、言い換えれば、すべてのAが共通にもつ特性、つまり共通性を抽象することであり、その取り出された意味や共通性はAの本質を表すと考えることができる。このような意味で、「普遍化」は、〈抽象の構造〉の一つの応用形式であると言える。

例えば、「たま」という名の一匹の猫を「猫」と呼んで普遍化する場合、「たま」の個的で特殊な仕草や行動はすべて除外し、「猫」としての共通性・本質だけを取り出すことになる。一方、「たま」を「動物」と呼んで普遍化する場合には、猫だけのもつ特性は捨てて「動物」としての特性や本質を抽象することになる。このようにして、一匹のかけがえのない愛猫は、時には猫として、時には動物として普遍化される。

第八章「対立表現の諸相」で取り上げた「年とって知る人のやさしさ」は、このような「普遍化」の例として読むこともできる。この投書の「私」は、タクシーで小さな失敗をしたとき、若い運転手から「大丈夫ですよ。私たちも年をとりますから」と言われて、思わず涙を流した。「私」は高齢の女性であり、夕方にはものが見えにくくなって、このときは十円玉を百円玉と間違えて出したのだった。「私たちも年をとる」という若い運転手のことばは、この年配の女性を一人の「人間」として「普遍化」し、このときこの年配の女性に生じた特殊な出来事を、すべての人間に起こり得る出来事として「普遍化」するものであった。

一般化と普遍化

夏目漱石の大正三年の講演「私の個人主義」には、「普遍化」への意志と言うべきものが強く表現されている。第十五章で触れたように、漱石は大学での専攻を漢学から類推して英文学に定めた。しかし、それは予期に反して自分の嗜好を満足させるものにはならず、ロンドンに留学した漱石は、改めてこの面倒な問題に直面することになった。（文の番号を付した。）

①この時私は始めて文学とはどんなものであるか、その概念を根本的に自力で作り上げるより外に、私を救う途はないのだと悟ったのです。②今までは全く他人本位で、根のない萍《うきぐさ》のように、其所《そこ》いらをでたらめに漂《ただ》よっていたから、駄目であったという事に漸く気が付いたのです。③私のここに他人本位というのは、自分の酒を人に飲んでもらって、後からその品評を聴いて、それを理が非でもそうだとしてしまういわゆる人真似を指すのです。（中略）

④たとえば西洋人がこれは立派な詩だとか、口調が大変好いとかいっても、それはその西洋人の見る所で、私の参考にならん事はないにしても、私にそう思えなければ、到底受売《うけうり》をすべきはずのものではないのです。⑤私が独立した一個の日本人であって、決して英国人の奴婢《ぬひ》でない以上はこれ位の見識は国民の一員として具えていなければならない上に、世界に共通な正直という徳義を重んずる点から見ても、私は私の意見を曲げてはならないのです。

⑥しかし私は英文学を専攻する。⑦その本場の批評家のいう所と私の考《かんがえ》と矛盾してはどうも普通の場合気が引ける事になる。⑧そこでこうした矛盾が果して何処から出るかという事を考えなければならなくなる。⑨風俗、人情、習慣、溯《さかのぼ》っては国民の性格皆この矛盾の原因になっているに相違ない。⑩それを、普通の学者は単に文学と科学とを混同して、甲の国民に気に入るものはきっと乙の国民の賞讃を得るに極《きま》っている、そうした必然性が含まれていると誤認してかかる。⑪其所が間違っているといわなければならない。⑫たといこの矛盾を融和する事が

不可能にしても、それを説明する事は出来るはずだ。⑬そうして単にその説明だけでも日本の文壇には一道《いちどう》の光明を投げ与える事が出来る。——⑭こう私はその時始めて悟ったのでした。

（夏目漱石「私の個人主義」一九一四／『漱石文明論集』岩波文庫、一九八六）

ここには、「普遍化」とともに、それと対立する「一般化」という問題も同時に語られている。漱石が批判する「普通の学者」は、⑩「甲の国民に気に入るものはきっと乙の国民の賞讃を得るに極っている」と考える。この考えは、簡単に④の、西洋人の評価を無批判に受け売りする行為へと発展するだろう。しかし、西洋の文学や文学観は、元来は西洋という特定の地域で発達した特殊な事柄、特殊な概念である。「風俗、人情、習慣、国民の性格」の相違を考慮せず、西洋の文学観をそのまま日本に持ち込むのは、単純な「一般化」と言うべき行為である。

これに対して、漱石は、西洋人と日本人の、文学に関する嗜好や見解の相違を正面から取り上げ、①にあるように、そもそも「文学とはどんなものであるか」と問い、「その概念を根本的に自力で作り上げ」ようと決意する。⑫にある「矛盾の融和」ができるとすれば、そこに出現するのは西洋と日本（および東洋）が共有する普遍的な文学理論である。また、その融和が不可能であると判明した場合には、その理由が普遍的なことばによって説明されるはずであった。ここでは、西洋人と日本人の嗜好や見解の相違を前提として、文学について両者に共通する普遍的な理論ないしは説明を提出すること、つまり、文学概念の「普遍化」が目指されていた。

ところで、ここで対立関係に置いた「一般化」と「普遍化」は、実は同義と見なされることが少なくない。この二語はどちらも英語の generalization《ジェネラリゼイション》 の訳語になっており、例えば『広辞苑』（第六版）でも、「普遍化」はただ「一般化に同じ」とだけ書かれている。しかし、一方で『広辞苑』は、「一般化」について次のように説明している。（ａｂの記号を付加した。）

ａ個別的な違いを捨て共通のものを残すことによって広く通じる概念・法則を作ること。また、ｂ部分的に成り立つ事柄を全体的に成り立つ事柄として主張すること。普遍化。概括。

ここには二つの異なる説明が併記されており、辞書の記述を総合すると、「普遍化」と「一般化」はともにこの二つの意味をもつことになる。しかし、このａｂ二つの説明は、それぞれ「普遍化」と「一般化」に振り分けるべきものと考えられる。ａには事柄の抽象化があるが、ｂにはそれがない。すでに述べたように、「普遍化」は対象の抽象化を伴うものであり、ａはその要件を満たしている。一方、抽象化を欠くｂは「一般化」だけの語義と言える。「一般化」は、ある事柄やことばの「成り立つ範囲の拡大」に語義の中心があり、ｂはその点を的確に述べている。

ここで、もう一度「私の個人主義」に戻ってみたい。

⑩の「普通の学者」は、ｂの「一般化」の精神によって、西洋で成り立つ事柄は日本でも成り立つと考え、西洋文学を日本に輸入ないし移植しようとした。これに対して、漱石は、ａの「普遍化」の精神をもって、西洋人の文学と日本人の文学意識の差異について、どちらにも通用する統一的な

説明を示そうと考えた。このように、右の文章で、「一般化」と「普遍化」は鋭く対立する関係にある。

漱石は、①で、文学の概念を根本的に自力で作り上げるより外に「私を救う途はない」とまで言い、⑤では、「独立した一個の日本人であって、決して英国人の奴婢でない以上、……私は私の意見を曲げてはならない」と述べている。漱石はこのとき、自分の人生をかけて、「西洋文学の一般化」に抗して「文学概念の普遍化」を企図していたと言える。

普遍化による相対化

右の文章でもう一つ注目されるのは、「普遍化」に伴って起こる「相対化」という作用である。

英文学以前の漱石にとっては「左国史漢」などの漢籍こそが「普遍」であった。後に英文学に出会ったとき、漱石はそれを新たな「普遍」として受け入れることができず、同時にまた、漢文学を従前通り「普遍」として主張し続けることもできなかった。「普遍」は、漢籍でも英文学でもない第三のものに求めるほかはなく、それは、自分が自ら作り上げるべき「文学の普遍的な概念」として意識されることになった。このとき、あり得べき「文学の普遍的な概念」の前で、漢籍も英文学もその絶対性を失って「相対化」されたと言える。

「相対化」の対義語は「絶対化」であるが、あるものが唯一つ独立して存在するとき、それはすでに「絶対」であって、絶対化を必要としない。絶対化は、同種のものが複数存在し得るとき、ある特定のものを「絶対」と見なす行為である。言い換えれば、何かが絶対化されている場合、それは相対化されるべきものの一つであると考えることができる。
しかし、本来相対化されるべきものが各々その絶対性を主張するとき、それらを単純に比較するだけでは相対化は実現しない。なぜなら、比較は相互の違いを際立たせることが多く、「違い」は絶対性を主張する何よりの根拠になるからである。相対化のためには、これとは逆に、抽象化によってそれらに共通する「普遍的なもの」を取り出し、それら個々のものを普遍的なものによって包摂する必要がある。相対化を可能にするのは、このような意味での普遍化である。

ここで、前章で引用した『忘れられた日本人』から、もう一つ興味深い話を取り上げてみたい。宮本常一が語るこの話には、「普遍化による相対化」の具体的な事例が見られる。

ちょうど農地解放のすすめられている頃のことであった。長野県諏訪湖のほとりの村で農地解放の指導をしている知人からおもしろい話をきいた。
どこでもおなじことであるが、農地に対する農民の愛着はつよい。しかも大きい地主の方は割合話がつきやすいが、小地主には問題が多い。むしろ解放する方が不合理だという場合がすくなくなかった。わずかばかりの土地をつくっていたのを息子が出征したので、かえって来るまで作ってくれとたのんだのを、そのままとられてしまったというような例は実に多かった。このような場合はともかくとしても、精出してかせいで、一、二町を所有するようになり、その手あまり地を解放せねばならぬというような場合には、その長い労苦が無視せられた苦痛をいやというほどなめさせられたのである。それだけに小地主と小作の間に問題が多かった。私の知人もそうした事に手をやいたのである。

ところが六十歳をすぎた老人が、知人に「人間一人一人をとって見れば、正しい事ばかりはしておらん。人間三代の間には必ずわるい事をしているものです。お互にゆずりあうところがなくてはいけぬ」と話してくれた。それには訳のあることであった。その村では六十歳になると、年より仲間にはいる。年より仲間は時々あつまり、その席で、村の中にあるいろいろのかくされている問題が話しあわれる。かくされている問題によいものはない。それぞれの家の恥になるようなことばかりである。そういうことのみが話される。しかしそれは年より仲間以外にはしゃべらない。年よりがそういう話をしあっていることさえ誰も知らぬ。知人も四十歳をすぎるまで年より仲間にそうした話しあいのあることを知らなかった。老人から話の内容については一言もきかされなかったが、解放に行きなやんでいるとき「正しいことは勇気をもってやりなさい」といわれて、なるほどと思った。そこで今度は農地解放の話しあいの席でみんなが勝手に自己主張をしているとき、

「皆さん、とにかく誰もいないところで、たった一人暗夜に胸に手をおいて、私は少しも悪いことはしておらん。私の親も正しかった。祖父も正しかった。私の家の土地はすこしの不正もなしに手に入れたものだ、とはっきりいいきれる人がありましたら申し出て下さい」といった。するといままで強く自己主張をしていた人がみんな口をつぐんでしまった。

それから話が行きづまると「暗夜胸に手をおいて……」と切り出すとたいてい話の緒《いとぐち》が見出

されたというのである。

私はこれを非常におもしろい話だと思って、やはり何回か農地解放問題にぶっつかった席でこの話をしてみた。すると実に大きなきき目がでてきたのである。どこでもそれで解決の目途がつく。

（宮本常一「村の寄りあい」『忘れられた日本人』岩波文庫、一九八四）

「六十歳をすぎた老人」は、年寄り仲間の集まりで、村の中のいろいろな隠されている問題を知る。その経験から抽象されたのが、「人間一人一人をとって見れば、正しい事ばかりはしておらん。人間三代の間には必ずわるい事をしている」という一種の普遍的な認識であった。

これを聞いた「知人」は、農地解放の話し合いの席で、「どの家の土地にも、親や祖父の代まで溯れば全く不正がなかったとは言い切れない」という話を穏やかに持ち出す。すると、どうやら、この普遍的な命題から逃れられると思った村人は、一人もいなかったようである。この話によって各々の自己主張は「相対化」され、農地解放という難題が解決に向かうことになった。

このように、普遍化された認識は、解決すべき問題を大所から照らし出し、絶対化されていた個別の見解を「相対化」することを可能にする。右の例は、昭和二十年代前半の日本の農地改革に関する話であるが、原理的には、意見の対立する大小さまざまの問題に等しく当てはまる事柄であると言える。国際的な紛争も、力ではなく理性による解決を図ろうとするなら、当事者同士が普遍化された認識を承認し合うことが必要だろう。

普遍化された文章表現

さて、最初に述べたように、本書では、個的で特殊な対象からそれがもつ普遍的な意味を取り出し、その対象を普遍的な水準で表現することを「普遍化」と名付けた。

漱石の「私の個人主義」で語られていた「普遍化」は、「文学」という対象についてこのような普遍的な意味を取り出そうとするものであった。それはまた「普遍化と一般化の対立」や「普遍化による相対化」について示唆するところの多い文章でもあったが、残念ながら普遍化そのものを実行した文章ではなかった。一方、宮本常一「村の寄りあい」では、「六十歳をすぎた老人」が経験をもとに普遍的な認識を語る部分に普遍化が見られたが、話の中心はその普遍的な命題の実際の効用に置かれていた。

これに対して、「普遍化された文章表現」と呼ぶことができるのは、普遍化そのものが文章の中心に位置するような場合である。それは、「普遍化」の定義が示すように、個的で特殊な事柄に普遍的な意味を見いだし、その個的で特殊な事柄を普遍的な事柄として語るものである。

したがって、「普遍化された文章表現」は、次の三項目を満たすものと言える。

a 題目ないしは問題として「個的で特殊な事柄」を取り上げること。

b その事柄を他の同種の事柄と類同化し、共通する本質を抽象すること。

c 最初の個的で特殊な事柄を、b の本質をもつ「普遍的な事柄」として語ること。

すでに述べたように普遍化は〈抽象の構造〉の応用形式の一つと言えるが、「普遍化された文章表現」は、bの「抽象化」で終わるわけではなく、もう一度「個的で特殊な事柄」に立ち返ってそれを「普遍的な事柄」として表現するものである。

次に示す柳田國男の「清光館哀史《せいこうかん》」は、このような「普遍化された文章表現」の典型と言えるものである。（末尾の箇所、全体の約五分の一を掲げる。段落番号を付す。）

柳田は、大正時代に岩手県県北の「小子内《おこない》」という小さな漁村を二度訪れ、二度目の訪問の後でこの「清光館哀史」を書く。最初に訪れたのは旧暦七月十四日、旧盆の時であった。村にただ一軒の「清光館」という小さな旅館に泊まり、女たちが月明かりの下で夜半まで踊るという盆踊りを見るが、盆踊り唄の文句は採集できずに終わった。六年後、再び訪れることになった同じ漁村に、清光館はすでになかった。宿の主人は暴風雨の海で遭難、一家は離散し、旅館は取り壊されたのであった。村人の話でそれを知った後、柳田は砂浜に出て、そこにいた村の娘たちから盆踊り唄の文句を聞き出そうとする。

①あの歌は何というのだろう。何遍聴いていても私にはどうしても分らなかったと、半分独り言のようにいって、海の方を向いて少し待っていると、ふんといっただけでその問には答えずにやがて年がさの一人が鼻唄のようにして、次のような文句を歌ってくれた。

なにャとやーれ

なにャとなされのう

ああやっぱり私の想像していたごとく、古くから伝わっているあの歌を、この浜でも盆の月夜になるごとに、歌いつつ踊っていたのであった。

②古いためか、はたあまりに簡単なためか、土地に生まれた人でもこの意味が解らぬということで、現に県庁の福士さんなども、何とか調べる道がないかといって書いて見せられた。どう考えてみたところが、こればかりの短かい詩形に、そうむつかしい情緒が盛られようわけがない。要するに何なりともせよかし、どうなりとなさるがよいと、男に向って呼びかけた恋の歌である。

③ただし大昔も筑波山のかがいを見て、旅の文人などが想像したように、この日に限って羞《はじらい》や批判の煩わしい世間から、遁《のが》れて快楽すべしというだけの、浅はかな歓喜ばかりでもなかった。忘れても忘れきれない常の日のさまざまの実験、遣瀬《やるせ》ない生存の痛苦、どんなに働いてもなお迫って来る災厄、いかに愛してもたちまち催す別離、こういう数限りもない明朝の不安があればこそ、

はアどしょぞいな

といってみても、

あァ何でもせい

と歌ってみても、依然として踊りの歌の調べは悲しいのであった。

④一たび「しょんがえ」の流行節《はやりぶし》が、海行く若者の歌の囃《はや》しとなってから、三百年の月日は永かった。いかなる離れ島の月夜の浜でも、燈火花のごとく風清き高楼の欄干にもたれても、これを聴く者は一人として憂えざるはなかったのである。そうして他には新たに心を慰める方法を見出し得ないゆえに、手を把《と》って酒杯を交え、相誘《あいさそ》うて恋に命を忘れようとしたのである。⑤痛みがあればこそバルサムは世に存在する。だからあの清光館のおとなしい細君なども、いろいろとして我々が尋ねてみたけれども、黙って笑うばかりでどうしてもこの歌を教えてはくれなかったのだ。通りすがりの一夜の旅の者には、たとい話して聴かせてもこの心持は解らぬということを、知っていたのではないまでも感じていたのである。

（「清光館哀史」一九二六／『ちくま日本文学15　柳田國男』筑摩書房、二〇〇八）

柳田は、ここで、一漁村の盆踊り唄という「特殊」なものに「普遍的」な意味を見いだしている。右の文章の「題目」は「小子内の盆踊り唄」、「問題」は「小子内の盆踊り唄の文句はどのようなものか」ということになるが、この問題は、早くも②段落の中で解決を見ている。

しかし、柳田はその水準での解決で終わらず、歌を日本各地に分布する同種のものと類同化し、共通する本質を抽象する。小子内で歌われていたのも、江戸初期に生まれてやがて盆踊り唄にもなった「しょんがえ節」の一つであること、それは歌い踊るなかで恋の相手を求める歌であるが、その歌も踊りも生存の痛苦、災厄や別離などの「数限りない明朝の不安」と切り離すことのできない一時《いっとき》の慰めであること、さらに、その歌や踊りの心は「明朝の不安」を抱えて生きる者にしか本当のところは分からないこと、そのような普遍的な理解を、柳田は一気呵成に文章にした。

小子内の盆踊り唄という特殊な事柄は、こうした普遍的な本質をもつものとして捉え直されたとき、普遍的な事柄となった。ここには「普遍化」という表現行為の典型と言うべきものがある。

右の文章で最も抽象的な叙述は、⑤の「痛みがあればこそバルサムは世に存在する」という一文である。「数限りない明朝の不安」はさらに抽象化すれば「痛み」になり、小子内の盆踊り唄は「バルサム（鎮痛薬）」と言えるだろう。しかし、右の文章は、この命題そのものを訴えたものではない。この高度に抽象化された命題は、右に述べた小子内の盆踊り唄の本質を鮮やかに照らし出すが、まさにそうした役割を果たすものとしてこの箇所に登場している。

個と普遍の二重の表現

「清光館哀史」が示すように、「普遍化された文章表現」では、個的で特殊な事柄に普遍的な意味が見いだされ、同じ事柄が普遍的な事柄としても語られることになる。それは、単なる具体的な事実の叙述でもなく、また単なる抽象的な認識の提示でもなく、具体的な事実から本質を抽象し、その本質によって、個的で特殊な事柄を同時に普遍的な事柄として表現するものである。このような表現は、「個と普遍の二重の表現」と呼ぶこともできる。

「普遍化された文章表現」が「個と普遍の二重の表現」になることは、以下に示す二つの例にもよく現れている。

一つ目は、平安中期の歌人、和泉式部（生没年未詳）の和歌である。

小式部内侍《こしきぶないし》なくなりて、孫《むまご》どもの侍《はべ》りけるを見てよみ侍りける
とゞめおきて誰《たれ》をあはれと思ふらん子はまさるらん子はまさりけり
（『新日本古典文学大系8　後拾遺和歌集』岩波書店、一九九四）

小式部内侍は和泉式部の早世した娘である。「とどめおく」は後に残すことであるが、小式部が残したのは母親（和泉式部）と子ども（和泉式部にとっての孫）であった。

娘を亡くし、残された孫たちを見ながら、和泉式部は自問する。「娘は、後に残した母親と子どもの、どちらをより愛しく思っているのだろう。」そして、答える。「それはやはり子どもの方だろう。子を思う気持ちはこんなにも切なく深いものなのだから。」

上の句の問いは個的なレベルでなされているが、下の句の答えに移るとき、残した子どもに対する「娘の思い」は死んだ子に対する「自分の思い」と類同化され、そこから、我が子を他の誰よりも「あはれと思ふ」という普遍的な感情が抽象されている。

結句の「子はまさりけり」では、「親を思う気持ちより子を思う気持ちの方が強い」という普遍化された認識が語られ、これが、娘の心中を推測した「子はまさるらん」の演繹的な根拠となっている。同時に、この句は自分の個的な感情の表明でもあり、ここには娘に先立たれた母親の痛切な悲しみが表現されている。「個と普遍の二重の表現」はここに極まると言えるだろう。

二つ目は、小学校に産休補助教員として勤める女性（四十九歳）の文章で、新聞に掲載されたものである。（段落番号を付した。）

①勤めて半月足らずの小学校で、開校百十数年を祝う会があった。

②体育館での催しが無事終わり、子どもたちはいったん教室に戻って、フィナーレに飛ばす風船に手紙をつけた。手紙は学校名の入ったはがき半分大の色画用紙。学年、組、名前と、各自願いごとを書いたもので、図工の時間に体育館を飾る輪飾りとともに作ってあった。「先生、わたし何て書いたか教えてあげようか？」と、子どもたちは「プラモデルがほしい」「ぬいぐるみがほしい」「リスをかいたい」など、いかにも低学年らしいかわいい願いを書いた手紙を私に見せに来た。

③最後に残った欠席の子の分を、代わりに風船に結んでやろう、と何げなく手紙を取り上げた私は、思わずハッとした。そこにはたどたどしい鉛筆で「せんせいにほめられたい」と書かれていた。

④「君は元気そうないい名前だね」と初めて来た日、私はその子に言ったことがある。すると、そばにいた女の子が「名前は元気だけど、本当はちっとも元気じゃないんだよ」と言った。その子は黙って下を向いただけだった。

⑤学級で何となく影の薄い子どもがいる。ほとんど手を上げず、目立たない子だ。特にしか

られることもないが、ほめられることもない。四十数人いると、教師はつい、目立つ子の相手をしがちである。でもだれでもが認められたいと思っているのだ。この子がどんな思いでこれを書いたのかと思うと、私は平静でいられなかった。

⑥昨日の雨が上がって、校庭は明るい五月の陽光があふれていた。その子の風船は、合図とともに青空に飛んで行った。色とりどりの風船はあっという間に空に吸い込まれて見えなくなった。〇〇君。願いがかなうといいね。だれだって良い所をいっぱい持ってるんだよね。先生もがんばるからね。

（小沢敏子「先生にほめられたい」、朝日新聞「ひととき」一九八五年六月七日）

書かれているのは、ある小学校の記念行事における、筆者のほかは誰も知らないような小さな出来事である。その点で、これは、特殊な事実と感想を書いた個的な文章と言ってもよい。しかし、ここには、「教育」というものについて書かれた最も普遍的な表現がある。

例えば、②段落に「先生、わたし何て書いたか教えてあげようか？」という箇所がある。産休補助として学級を担任することになった「勤めて半月足らず」の先生に、子どもたちは、自分がこっそり書いた「願いごと」を教えようとしている。子どもたちは、出会ってすぐに、この先生はいい先生だと見抜いたのだ。

さて、六つの段落のほとんどは具体的な事実を書いているが、⑤段落だけは抽象的な内容になっている。ここで文章は、事実を叙述するレベルから普遍的な考察のレベルに移行する。

⑤段落で述べられていることは、古今東西、およそ学校教育というものが行なわれている所では必ず発生する事柄である。そして、このような事柄に対してどれだけ深く配慮できるかが、学校や教員に課せられた、多分永遠の課題になるだろう。この文章は、最後に、「先生もがんばるからね」と結んでいる。先生は、欠席した児童の書いた切ない願いを読んで、改めてこの永遠の課題を自覚した。そして、青空に吸い込まれる風船を見ながら、この児童と、この児童のような「学級で影の薄い」子どもたちとに、「先生もがんばるからね」と心の中で約束した。

この文章は、いい先生とはどんな先生か、生徒は本当は何を望んでいるのか、教育の難しさや課題はどこにあるのか、そして先生はどんなことを頑張るべきなのか、などの問いに対してすべて見事に答えている。その意味で、小学校での小さな出来事を記したこの個的な文章は、教育について語ったほとんど完璧なまでに普遍的な文章になっている。

知と体験の出会い

「普遍化された文章表現」の典型として挙げた以上の三例には、もう一つの共通点がある。「清光館哀史」の場合、その普遍化は柳田の学問・学識に多くを負っている。引用文の①に、「あやっぱり私の想像していたごとく、古くから伝わっているあの歌を、この浜でも盆の月夜になるごとに、歌いつつ踊っていたのであった」とあるように、柳田は「しょんがえ節」の知識に基づいて小子内の盆踊り唄を普遍化した。しかし、普遍化が柳田の学問だけの成果であるとすれば、それは「私の想像していたごとく」というその想像の時点で、つまり、六年後に小子内を再訪する前から、柳田の頭の中で実行されていたとも言える。

そのような頭の中の普遍化に言わば魂を入れたのは、六年を隔てて明から暗に転じた清光館の運命であった。盆踊り唄の本質に内在する「忘れても忘れきれない常の日のさまざまの実験、遣瀬ない生存の痛苦、どんなに働いてもなお迫って来る災厄、いかに愛してもたちまち催す別離」とは、消滅した「清光館」の一家が、柳田の前に身をもって示した事柄であり、柳田が小子内の盆踊り唄を本当の意味で普遍化できたのはこの体験によってであった。

和泉式部も、わが子をこの世の誰よりも愛しいと思う感情は、以前から知っていただろう。しかし、その「知」が真に普遍化されたのは、子どもを残して死んだ娘の無念と娘を失った自分の無念が重なったときであった。この歌の結句「子はまさりけり」について、先に「普遍的な認識と個的な感情が同時に表現されており」と述べたが、この句には、自分の「知」を新たな「体験」によって確認することになったその悲痛な思いが詠まれているとも言える。

「先生にほめられたい」という文章の場合、本文の⑤にある「学級で何となく影の薄い子どもがいる」という事実は、筆者が前から知っていた事柄であり、さらに、その後の「でもだれでもが認められたいと思っているのだ」も、筆者の「知」の一部であったに違いない。しかし、そのことを改めて痛感したのは、欠席した児童の書いた切ない願いに触れたからであった。ここにも「知」と「体験」の出会いがある。

このように、三つの「普遍化された文章表現」では、どれも、表現する主体の「知」が、主体の意志とは関わりなく生じた「体験」と出会ったとき、その普遍化が達成されている。

　我々は、人の話を聞いたり、本を読んだりすることで知識を増やすことができ、知識の増加に伴って同種の話を類同化し、そこから共通する内容を抽象化することもできる。これらは「知」の作用であり、この作用は「普遍化」の前提となる。一方、「体験」は、同種の体験をする人がどれほど多くいたとしても、体験する当人にとってそれは常に個的で特殊である。「普遍化された文章表現」は、抽象化の方向に向かう「知」と個的で特殊なものである「体験」とが出会い、知的内容がその人にとって「身にしみる」出来事になったとき、その心中に生まれるものであると考えられる。

　前章で述べたように、言語活動の総体は沈黙と表現とによって成り立っている。「沈黙」は内に向かい、「表現」は外に向かう。言語活動の一方の極に、内面化された表現としての「沈黙」があるとすれば、もう一方の極には、個と普遍の二重化された表現である「普遍化」を置いてもよいだろう。このように考えるとき、「普遍化」は究極の表現形式と言うこともできる。

引用文出典一覧

序章　文章論と文章の構造

時枝誠記『文章研究序説』山田書院、一九六〇
時枝誠記『日本文法口語篇』岩波全書、一九五〇
時枝誠記『国語学原論 続篇』岩波書店、一九五五／岩波文庫、二〇〇八

第一章　命題の構造

エドワード・サピア『言語――ことばの研究序説』安藤貞雄訳、岩波文庫、一九九八
島崎藤村『夜明け前』一九二九／岩波文庫、一九六九
夏目漱石『坊っちゃん』一九〇六／角川文庫、一九九五
長谷川櫂『俳句的生活』中公新書、二〇〇四

第二章　対立の構造

寺田寅彦『寺田寅彦随筆集 第四巻』岩波文庫、一九六三

第三章　類同の構造

永田和宏『近代秀歌』岩波新書、二〇一三

第四章　抽象の構造

S・I・ハヤカワ『思考と行動における言語 第四版』大久保忠利訳、岩波書店、一九八五
暉峻淑子『豊かさの条件』岩波新書、二〇〇三
夏目漱石『こころ』一九一四／角川文庫、二〇〇四

第五章　四つの構造の全体像

猪木武徳「罪と罰」日本経済新聞、二〇〇四年六月一日

第六章　提題化という作業

木下是雄『理科系の作文技術』中公新書、一九八一
澤田昭夫『論文のレトリック』講談社学術文庫、一九八三
福沢諭吉『学問のすゝめ 初編』一八七二／講談社文庫、一九七二
加藤周一「日本文化の雑種性」一九五五／『雑種文化』講談社文庫、一九七四

第七章　差異化と類同化

丸山圭三郎『言葉とは何か』一九九四／ちくま学芸文庫、二〇〇八
佐々木幹郎編『在りし日の歌 中原中也詩集』角川文庫、一九九七
『新日本古典文学大系25 枕草子』渡辺実校注・解説、岩波書店、一九九一
与謝野晶子『白桜集』一九四二／『日本の詩歌4 与謝野晶子他』中央公論社、一九七五

第八章　対立表現の諸相

佐藤忠良、安野光雅他企画編集『子どもの美術1（一九八一年版）』現代美術社、一九八〇
内田　樹『寝ながら学べる構造主義』文春新書、二〇〇二
太宰　治「富嶽百景」一九三九／『富嶽百景・走れメロス』岩波文庫、一九六八
今井富美「年とって知る人のやさしさ」、朝日新聞「声」一九九五年九月一四日

第九章　類同表現の諸相

柳澤桂子『遺伝子医療への警鐘』岩波現代文庫、二〇〇二
『古今和歌集』高田祐彦訳注、角川文庫、二〇〇九
高浜虚子『俳句はかく解しかく味う』一九一八／岩波文庫、一九八九
『日本古典文学全集42 近世俳句俳文集』小学館、一九七二
『日本の詩歌19 水原秋桜子他』中央公論社、一九六九

中村草田男『俳句入門』みすず書房、一九七七
第十章　抽象と概念化
鶴見俊輔『思想の落し穴』岩波書店、一九八九
江藤　淳『漱石とその時代 第二部』新潮社、一九七〇
福沢諭吉『学問のすゝめ 初編』一八七二／講談社文庫、一九七二
夏目漱石「現代日本の開化」一九一一／『漱石文明論集』岩波文庫、一九八六

第十一章　文章の要約

吉川幸次郎『古典について』筑摩叢書、一九六六

第十二章　帰納と演繹

『岩波 哲学・思想事典』岩波書店、一九九八
柳父　章『翻訳語成立事情』岩波新書、一九八二
白洲正子『近江山河抄』一九七四／講談社文芸文庫、一九九四
正岡子規『歌よみに与ふる書』一八九八／岩波文庫、一九八三
丸山真男「『である』ことと『する』こと」『日本の思想』岩波新書、一九六一
大野　晋『日本語の源流を求めて』岩波新書、二〇〇七

第十三章　比喩

芥川龍之介「羅生門」一九一五／『羅生門・鼻・芋粥・偸盗』岩波文庫、一九六〇
夏目漱石『坊っちゃん』一九〇六／角川文庫、一九九五
佐藤信夫『レトリック感覚』一九七八／講談社学術文庫、一九九二
佐藤信夫・佐々木健一・松尾大『レトリック事典』大修館書店、二〇〇六
中島　敦「山月記」一九四二／『山月記・弟子・李陵』講談社文庫、一九七二

『新日本古典文学大系1　萬葉集一』岩波書店、一九九九
小川洋子『博士の愛した数式』二〇〇三／新潮文庫、二〇〇五
須賀敦子『ヴェネツィアの宿』一九九三／白水社、二〇〇一

第十四章　象徴

白洲正子『近江山河抄』一九七四／講談社文芸文庫、一九九四
吉川幸次郎『古典について』筑摩叢書、一九六六
森　有正『バビロンの流れのほとりにて』筑摩書房、一九六八
河合隼雄『働きざかりの心理学』一九八一／新潮文庫、一九九五
江藤　淳『漱石とその時代　第四部』新潮社、一九九六
加藤周一「日本の庭」一九五〇／『加藤周一著作集12』平凡社、一九七八
唐木順三『日本人の心の歴史（上）』一九七六／ちくま学芸文庫、一九九三
尼ヶ崎彬『日本のレトリック』一九八八／ちくま学芸文庫、一九九四
磯田光一『鹿鳴館の系譜』一九八三／講談社文芸文庫、一九九一
清岡卓行『手の変幻』一九六六／講談社文芸文庫、一九九〇
清岡卓行「アカシヤの大連」一九六九／『アカシヤの大連』講談社文芸文庫、一九八八

第十五章　類推

夏目漱石『三四郎』一九〇八／ちくま文庫、一九八六
夏目漱石「『文学論』序」一九〇六／『文学論（上）』岩波文庫、二〇〇七
森　鷗外「高瀬舟」一九一六／『山椒大夫・高瀬舟』岩波文庫、二〇〇二
福井謙一『学問の創造』一九八四／朝日文庫、一九八七
外山滋比古『思考の整理学』一九八三／ちくま文庫、一九八六

村上春樹『走ることについて語るときに僕の語ること』二〇〇七／文春文庫、二〇一〇
小林秀雄「平家物語」一九六〇／『考えるヒント』文春文庫、一九七四

第十六章　逆説（パラドックス）

夏目漱石「現代日本の開化」一九一一／『漱石文明論集』岩波文庫、一九八六
佐藤信夫・佐々木健一・松尾大『レトリック事典』大修館書店、二〇〇六
佐藤信夫『レトリック認識』一九八一／講談社学術文庫、一九九二
夏目漱石「素人と黒人」一九一四／『私の個人主義ほか』中公クラシックス、二〇〇一
清岡卓行「失われた両腕」一九六六／『手の変幻』講談社文芸文庫、一九九〇
ルソー『エミール』今野一雄訳、岩波文庫、二〇〇七
石垣りん『石垣りん詩集』思潮社、一九七一

第十七章　アイロニー（反語・皮肉）

佐藤信夫『レトリック認識』一九八一／講談社学術文庫、一九九二
藤原宏志『稲作の起源を探る』岩波新書、一九九八
清岡卓行「失われた両腕」一九六六／『手の変幻』講談社文芸文庫、一九九〇
夏目漱石『こころ』一九一四／角川文庫、二〇〇四

第十八章　弁証法

『明治文學全集33　三宅雪嶺集』筑摩書房、一九六七
ヘーゲル『論理学（哲学の集大成・要綱 第一部）』長谷川宏訳、作品社、二〇〇二
岩佐茂・島崎隆・高田純編『ヘーゲル用語事典』未來社、一九九一
加藤周一「日本の庭」一九五〇／『加藤周一著作集12』平凡社、一九七八
中野重治「舞姫・うたかたの記 解説」一九五四／『舞姫・うたかたの記』角川文庫、一九九〇

森田たえ子「貧乏とは本当につらいもの」、朝日新聞「ひととき」一九七六年一月一四日
宮沢賢治「永訣の朝」一九二二／『日本の詩歌18 宮沢賢治』中公文庫、一九七四

第十九章　沈黙

永田和宏『近代秀歌』岩波新書、二〇一三
宮本常一「子供をさがす」一九六〇／『忘れられた日本人』岩波文庫、一九八四
小林秀雄「人形」一九六二／『考えるヒント』文春文庫、一九七四
芥川龍之介「羅生門」一九一五／『羅生門・鼻・芋粥・偸盗』岩波文庫、一九六〇
森　鷗外「舞姫」一八九〇／『舞姫・うたかたの記』角川文庫、一九九〇
夏目漱石『こころ』一九一四／角川文庫、二〇〇四
『新編日本古典文学全集88 連歌論集・能楽論集・俳論集』小学館、二〇〇一
小松暁子「重度障害児も平等に卒園式」、朝日新聞「声」一九九〇年五月八日
『伊勢物語』大津有一校注、岩波文庫、一九六四

第二十章　普遍化

夏目漱石「私の個人主義」一九一四／『漱石文明論集』岩波文庫、一九八六
宮本常一「村の寄りあい」『忘れられた日本人』岩波文庫、一九八四
柳田國男「清光館哀史」一九二六／『ちくま日本文学15 柳田國男』筑摩書房、二〇〇八
『新日本古典文学大系8 後拾遺和歌集』岩波書店、一九九四
小沢敏子「先生にほめられたい」、朝日新聞「ひととき」一九八五年六月七日

あとがき

本書は、「文章表現の構造」という問題を取り上げ、原理となる四つの構造と、その応用としての各種の文章形式について考察したものである。原稿の執筆はいつ終わるとも知れない全く個人的な営みであったが、今回出版の機会を得て、世の人の目に触れることになった。

私は、いわゆる団塊の世代に属する。大学に入学した一九六八年は、「大学紛争」の最も激化した年となった。また、フランスでは五月革命が起こり、アメリカではベトナム反戦運動、中国では文化大革命が続いており、八月には、ソ連の率いるワルシャワ条約機構軍が民主化を進めるチェコスロバキアに進駐した。世界的に見ても、それは激動の年であった。

大学に入るのが一年遅かったら全く違う生活を送っていたかもしれない、と、今でも時たま思うことがある。自分にとって一九六八年はそういう年であった。私は、民俗学に関心をもって大学の史学科に入ったが、「大学紛争」が終焉に向かう頃にドイツ文学科に転科し、大学院で二年間を過ごした後、二十代の半ばで高校の国語の教師になった。

大学にいた七年間は、読書が生活の中心であった。本を読むことは私のただ一つの特技であり、国語の教師は自分に一番ふさわしい仕事だと思われた。ところが、実際に授業が始まってみると、私は、教壇の上にほとんど手ぶらで立っている自分を発見することになった。まず、古文や漢文が読めなかった。また、読めるはずの現代文（当時は「現代国語」と呼んでいた）も、自分で読むのと生徒に教えるのとでは全く違うもののように見えた。最初の数年間は古文や漢文の授業で苦しみ、その時期を何とか乗り越えたとき、現代文の困難がようやくはっきりと目に見えるものになった。

その困難とは、一言で言えば「方法」の欠如ということである。例えば、陸上競技のコーチは選手に何を教えるのだろうか。とにかくたくさん走りなさい、と言うのだろうか。たくさん走れば走り方もよくなるし、記録も伸びるよ、と。しかし、ただ走れと言うだけでは、多分コーチは務まらないだろう。必要なのは、「走り方」であり、したがって、「読み方」である。しかし、自分の手元には、授業を支えるそのような「方法」がなかった。

私は、その後、自分の「方法」を持とうと努めることにした。そして、教員を続けるうちにある程度はそれらしい「方法」を持つこともできたが、在職中に納得の行く所までこの問題を追究することはできなかった。その理由が第一に自分の能力の不足にあることは言うまでもない。しかし、もう一つ、自分だけにとどまらない問題として、日本の学校の忙しさという理由もある。日本の学校の教師には、授業の準備をする以上の余分な勉強の時間はほとんどない。生徒に本を読むように言い、それを宿題にすることもあるのに、教員の多くはその時間が取れないのである。

専任の教員を早めに退職した後、私は、長年の課題を解決するために、まず読書に向かった。これまで読もうと思って読めないでいた本を読破しようとしたのである。そうするうちに気付いたことが二つあった。一つ目は、私が問題にしていたのは「文章の読み方」という「方法」であったが、「方法」の考察は必ず「本質」の考察に行き着くということである。例えば、「走り方」を考えるためには、

「走る」とはどのような運動であるかを知らなければならないだろう。こうして、当初の問題は「文章とは何か」という問題に姿を変えることになった。気付いたことの二つ目は、言うもおろかなことであるが、読むべき本には際限がないということであった。文章について考えるには、文章を構成することばや文について考えなければならない。同時にまた、文章として成立している評論、随想、小説、詩歌などについても考える必要がある。このまま読書を続けるとすれば、志を果たす前に寿命が尽きることは明白であった。

このような問題は、実は夏目漱石をとらえた問題でもあった。漱石は、『文学論』の「序」に次のような教訓を残している（岩波文庫『文学論』による）。

青年の学生につぐ。春秋に富めるうちは自己が専門の学業において何者をか貢献せんとする前、先づ全般に通ずるの必要ありとし、古今上下数千年の書籍を読破せんと企つる事あり。かくの如くせば白頭に至るも遂に全般に通ずるの期はあるべからず。余の如きものは未だに英文学の全体に通ぜず。今より二、三十年の後に至るも依然として通ぜざるべしと思ふ。

漱石のこの普遍的な認識が我が事として身に迫ってきたとき、私は、読書は二の次にして、ともかくも手持ちの材料を元に何事かを書き始めることにした。その直後に東日本大震災が起こり、さらに、私事にわたるが、同じ年に母が亡くなり、一年後に父もそれに続いた。書こうとしているものは「文章表現の構造」であることが次第に明瞭になり、書名も『文章表現の四つの構造』と付けて最初の草稿を二年ほどで書き上げたが、乏しい知識を補いながら何度も書き直すうちに、結局完成と言える状態になるまでに六年近くの歳月を要することになった。

内容はご覧の通りと言うほかはない。ただ一つ注釈めいたことを述べるとすれば、それは、本書は一点を除いて、文章論の一般的な内容を発展させたものである、ということである。例えば、「命題の構造」は、「問題提起と結論」と言われているものを含み、「対立の構造」は、「対立」や「対比」という語句で説明されることと共通する。また、「抽象の構造」は、「抽象と具体」という一対の用語で語られる内容とほぼ一致する。さらに、第二部で述べた事柄は、佐藤信夫、尼ヶ崎彬をはじめとする先行の研究から、さまざまのヒントを得ている。

右に留保した「一点」とは、「類同」という概念である。これも、「類似」「反復」「繰り返し」などと言われているものに近いと言えば言えるが、本書ではその意味と機能を大幅に拡張し、これを言語活動の最も基本的な原理の一つに据えた。「類同」を動詞化した「類同化」は、おそらく、すべての動物に共通する最も根源的な知覚作用ではないかと思われる。動物であれば、進化のどの段階にあるものでも、自分の生命の糧を過たずに捕らえることができる。そこには、生体外の或る存在を生体内の何かと「類同化」する作用が働いていると考えられる。

ここで少し、引用した文章についても触れておきたい。その何割かは、生徒と一緒に高校の教室で読んだものである。「貧乏とは本当につらいもの」は、初めて担任した一年生のクラスで、朝のホームルームの時間に印刷して配り、私が音読した。最後の方を読むとき、涙が出そうになって困ったことを今でも覚えている。柳田國男の「清光館《せいこうかん》哀史」は、教員になって八年目に、三年生の教科書で出会った文章である。「清光館哀史」の「哀」の内容は何か、と生徒に尋ねて、解答を提出させた。二度目の提出で見事な解答を示した生徒がいた。名前は今も忘れないでいる。

福沢諭吉の「学問のすゝめ初編」は、二つ目に勤めた学校で、三年生の選択授業の教材として長く使ってきたものである。「問題提起と解答」、「抽象と具体」などを学ぶうえで、これほど優れた文章はあまりないだろうと思われる。「年とって知る人のやさしさ」は、何度か、入学したばかりの一年生の授業で使用した。一読して分かったという顔をしている生徒に対して、この文章からどのような「問い」を作ることができるか、と尋ねてみる。ほとんどの生徒は「問い」は向こうから出されるものと思っている。やさしく見える文章であるが、こちらが意図したような答えは簡単には返ってこない。本書の100ページにある問いがその答えである。

与謝野晶子の短歌は、ラジオから聞こえてきたものを暗唱し、その後で歌集に当たった。最初に耳で聞き、そのことが、歌を味わううえで非常に役立ったように思っている。小学校一年生に向けて書かれた「ずがこうさくのじかんのめあて」は、世田谷美術館の「佐藤忠良展」の会場に掲示されていたもので、彫刻を見るより先に作品目録の余白に書き留めておいたものである。二〇一一年の二月のことであった。翌月の十一日には東日本大震災が起こり、宮城県生まれの佐藤さんは同じ三月の三十日に東京で亡くなっている。佐藤忠良氏が元気でいたときの最後の展覧会であった。

本書がこのような形をとるまでには、先行の研究者のほかにも、多くの人たちの御蔭をこうむっている。その筆頭は、右に触れたような遠き日の生徒たちである。本書の原形は高校の教室で生まれ、生徒によって育てられたと言える。また、先輩あるいは同僚の方々、そして高校時代の恩師からもたくさんの教えを頂戴した。見学させてもらった他教科の授業にもいろいろなヒントがあった。哲学や思想については街のカルチャー教室で学んだ事柄も多い。顧問をしていた剣道部では、専門の先生の指導とそれによって上達する生徒の姿を見て、理にかなった指導法の大切さを痛感した。引率したスキー教室では、同じ初心者の班の中に、私が指導する班よりも目に見えて上達の早い班があった。そのようなことも、「方法」という問題を考えるうえで大きな刺激になった。

最後に、原稿を一冊の本にしてくださった右文書院の三武義彦氏に心から御礼を申し上げたい。もはや教室で教えることもない者が、活用するあてもなく書き溜めた原稿は、一種のアイロニーと言うべきものだろう。三武氏は、出版という手数のかかる作業によって、そのような原稿をアイロニーから解き放ってくれた。

本書は、その成り立ちからは、右に述べたように国語教育との関係が深い。しかし、文章の構造という問題は、文章を読み書きするすべての人に関わることでもある。本書が、国語教育に携わる人をはじめとして、広く文章に関心をもつ人に対して多少でも益することがあれば、著者としてこれ以上の喜びはない。

二〇一六年（平成二十八年）十二月

栗原　文夫

用 語 索 引

本書で使用した主要な用語について、意味を説明している箇所や、主な用例と考えられる箇所を示す。（用語の出てくるページを網羅するものではない。）

特に重要な用語は、定義や意味の説明があるページを**太字**で表示する。

あ行

か行

さ行

た行

な行

は行

ま行

や行

ら行

栗原文夫（くりはらふみお）
1949年（昭和24年）東京都八王子市に生まれる
1975年（昭和50年）東京教育大学大学院修了
1975年〜2004年（平成16年）都立高校教員
2004年〜2009年（平成21年）都立高校嘱託員

文章表現の四つの構造
2017年3月3日第1刷発行

著　者　栗原文夫
装　幀　鬼武健太郎
発行者　三武義彦
発行所　株式会社右文書院
東京都千代田区神田駿河台1-5-6／郵便番号101-0062
Tel. 03-3292-0460　Fax. 03-3292-0424
http://www.yubun-shoin.co.jp
mail@yubun-shoin.co.jp
印刷・製本　東京リスマチック株式会社
＊印刷・製本には万全の意を用いておりますが、万一、
落丁や乱丁などの不良本が出来いたしました折には、
送料弊社負担にてお取り替えさせていただきます。

ISBN978-4-8421-0783-7　C2081